U0599997

传统体育文化的
传承发展研究

朱冠铮　安　然◎著

吉林出版集团股份有限公司

图书在版编目（CIP）数据

传统体育文化的传承发展研究 / 朱冠铮，安然著 . —
长春 : 吉林出版集团股份有限公司，2023.4

ISBN 978-7-5731-3062-4

Ⅰ.①传… Ⅱ.①朱… ②安… Ⅲ.①民族形式体育 －体育
文化－研究－中国 Ⅳ.① G852.9

中国国家版本馆 CIP 数据核字（2023）第 041953 号

传统体育文化的传承发展研究

CHUANTONG TIYU WENHUA DE CHUANCHENG FAZHAN YANJIU

著　　者	朱冠铮　安　然
责任编辑	齐　琳
封面设计	林　吉
开　　本	787mm×1092mm　　1/16
字　　数	233 千
印　　张	10.25
版　　次	2023 年 4 月第 1 版
印　　次	2023 年 4 月第 1 次印刷

出版发行　吉林出版集团股份有限公司

电　　话　总编办：010-63109269

　　　　　　发行部：010-63109269

印　　刷　廊坊市广阳区九洲印刷厂

ISBN 978-7-5731-3062-4　　　　　　　　　定价：78.00 元

版权所有　侵权必究

前　言

体育作为一种独特的文化现象，始终承载着民族精神的传承和时代变迁的印记。传统体育文化，作为中华民族几千年文明积淀的瑰宝，不仅体现了我国古代人民的智慧与创造力，更在现代化进程中展现出独特的魅力和价值。

中国作为一个世界人口最多、民族最多的国家，有着5000年的历史文化，在文化、地域、生活、习俗等方面存在较大的差异，大多数受传统儒家思想的影响。我国少数民族分布较广，主要以"大杂居、小聚居"的格局分布在广阔的疆土上，因为其地域不同，呈现出的民族传统文化具有不同的地域特色，不同的民族有其自己的宗教信仰、民族服饰、民族运动，如苗族、壮族等民族在运动时，身着短而薄的服装，哈萨克族、蒙古族、裕固族等民族运动都表现出其草原文化和历史。北方和南方少数民族的饮食文化也存在较大差异，北方以面食为主，南方以米饭为主。少数民族传统体育文化和其他体育文化一样，都有它存在的价值及其自身的意义。少数民族传统体育文化是在生存环境中不断发展而来，从某种角度来讲，少数民族体育文化从古代走到现代，说明它具有很强的适应性，建立了自己发展的独特机制，民族传统体育文化经过历史的传承、时代的变迁，博大而精深、意义深远。

为了提升本书的学术性与严谨性，在撰写过程中，笔者参阅了大量的文献资料，借鉴了诸多专家学者的研究成果，在此一并表示最诚挚的感谢。由于时间仓促，加之笔者水平有限，在撰写过程中难免出现不足的地方，希望各位读者不吝赐教，提出宝贵的意见，以便笔者在今后的学习中加以改进。

朱冠铮　安　然

2021年12月

目　录

第一章 传统体育概述

传统体育自产生以来，就与民族文化有着千丝万缕的联系，并构成了一个民族传统文化的一部分，可以反映出一个民族因历史积淀而形成的文化状态。因此，传统体育的探讨和研究对于我们准确而深刻地把握民族精神、继承和传扬民族文化具有巨大的作用，意义重大。

本章主要对传统体育的基础知识进行介绍，目的就在于使我们更好地继承和发展传统体育，并为弘扬民族传统文化和社会主义体育事业的发展贡献力量。

第一节 传统体育概念的界定

概念是反映事物特有属性的思维形式，以此为基本要素构成了科学理论，是构成科学理论的出发点。所以，无论要进行何种研究，对所要研究的对象进行概念的界定都是必不可少的首要任务——对于传统体育的研究也不例外。要揭示传统体育中所存在的一些现象以及传统体育的发展规律，并最终建立起一个完整的传统体育科学体系，就必须首先对传统体育的概念有一个清晰的界定。

体育在人类的生活中扮演着不可或缺的角色，它不仅是人们强身健体的一项重要活动，对提高人民的身体素质和丰富人们的精神生活有着重要的作用，还对民族团结以及一个国家和社会的进步起到重要的推动作用。体育不是在近代才出现的，它具有悠久的历史。世界上的各个民族在它们的历史发展中都在以各种各样的方式进行着体育活动，可以说体育也是人类传统文化的一部分。就中国而言，更是如此。中国是一个多民族国家，有 56 个民族，在中国上下五千年的悠久历史中，各个民族都创造出了具有自己民族特色的传统体育。中华传统体育体现了中国历史文化各个领域的精髓，具有十分深邃和丰富的内涵和外延，已经成为中华民族文化宝库中的瑰宝之一。但是，究竟什么是传统体育，不同的学者提出了不同的观点。例如，蒋东升认为传统体育是以人体运动为基本手段，有目的、有意识地以人的身心发展为中心，以达到强健身体、娱乐休闲、丰富文化生活、传承民族文化为目的，在我国 56 个民族中产生、传承的社会文化活动的总称。① 而倪依克给传统体育下了这样一个定义："传统体育是指某一个或几个特定的民族历代因循传承下来的、在一定范围内开展的、具有浓厚民族文化色彩和特征的竞技娱乐活动。"② 还有一些学者（如龙佩林等人）则把传统体育定义为近代体育前身的一些民族民间传统的体育及娱乐活动，并把我国的传统体育区分为汉传统体育和少数传统体育两种形式。人民体育出版社在 1989 年出版的《体育史》中把传统体育定义为近代以前的体育竞技娱乐活动，并且还专门对中国的传统体育进行了概念界定，它认为中国的传统体育就是指"近代体育传入前我国存在的体育模式，即 1840 年前，我国各族人民已经采用并流传至今的体育活动内容、社会表现方式与价值观念的总和"③。综合来看这些研究，就会发现尽管它们在对传统体育的概念上存在一定的分歧，但这些分歧都是基于对传统体育的一些共同认识之上的比较细微的区别，这些共同的认识就是传统体育自身所包含的一些特性。传统体育具有民族性、传统性、传承性、历史性等特征，这是任何人在给出传统体育的概念时都必须包含其中的。

综合以上分析，不妨将传统体育定义为：传统体育是指某一个或几个特定的民族历代因循传承下来的、在一定范围内开展的、具有浓厚民族文化色彩和特征的竞技娱乐活动。

第二节　传统体育的特点与功能

一、传统体育的特点

传统体育是由各个民族时代传承下来的，是人们长期实践和不断积累的结果，已经成为中华民族优秀文化的一部分。传统体育在其发展的历史进程中，会受到地理环境、社会生产和生活方式、文化水平以及宗教民俗的影响，是与中国传统文化密切相关的，逐渐形成了一些鲜明的特征。对传统体育的这些特征进行全面详细的了解不仅

---

① 蒋东升.中华民族传统体育相关概念辨析［J］.体育学刊，2008（4）：103-106.

② 倪依克.论中华民族传统体育 [M].北京：北京体育大学出版社，2005.

③ 周西宽.体育史 [M].人民体育出版社.1989.

对促进传统体育的健康发展有重要作用，还会加深人们对传承民族文化、发扬民族精神的理解。

（一）民族性

人类由于受到地域、生产与生活方式、沟通与交流方式等众多因素的影响，形成了具有不同特性的种群，随着人类社会的不断发展，这些人类的种群就形成了不同的民族。所以，不同的民族具有各自独特的民族性。而传统体育这一文化也是由具有不同民族性的民族创造产生的，因此，传统体育也就具有了民族性。什么是民族性呢？其实，所谓民族性是指传统体育的形成与发展过程中各民族社会生活的综合反映，是一个民族的群体品格。这一特性使传统体育具有了其产生民族的特性，把它与其他民族的传统体育区分开来。例如强烈地反映着中华民族特性的"仁、义、礼、智、信、温、良、恭、俭、让"渗透在中国传统体育中，就使中国的传统体育具有了强调人与自然和谐，追求内外合一、身心合一，以静为主、动静结合的特点，与世界上的其他传统体育区别开来。

中国有 56 个民族，每一个民族都具有自己独特民族特色的传统体育项目，如藏族的赛牦牛、蒙古族的"那达慕"大会、纳西族的东巴跳、彝族的跳火绳、朝鲜族的顶水罐赛跑、白族的人拉人拔河、苗族的接龙舞、傣族的孔雀拳等。从这些传统体育项目的形成与发展中可以看到不同民族生产、生活的影子。如前面提到的蒙古族"那达慕"大会中的"那达慕"在蒙语中就是"娱乐"和"游戏"的意思，在"那达慕"大会上会进行摔跤、射箭和赛马等活动，而这些活动都是与蒙古族人民的生活密不可分的。

传统体育与创造它的民族所处的地域环境、生产生活方式、民族宗教信仰以及价值观念都有着紧密的联系，所以，该民族的人民可以在具体的传统体育活动项目中不断地认识本民族的历史与文化。传统体育项目作为载体承载了民族传统文化，而不同的民族传统文化因民族语言、性格、风俗习惯、生活方式、宗教信仰等的差异呈现出了相对的独立性，这种独立性也体现在了传统体育文化中，这就决定了其他民族不可能在短时间内全盘接受一个民族的传统体育文化，即使一个民族被其他民族同化了，它原有的体育活动方式也不可能消失殆尽，还是会在新的民族共同体中体现出来。

因此，可以肯定地说，传统体育具有鲜明的民族性，而它的这种特性使之具有了顽强的生命力。

（二）地域性

一个民族只有在一定的地域上才能进行繁衍生息并传承下来，许多民族的传统体育文化也都是在一定的自然和人文环境中产生的。卢兵曾指出："一定的地域，因其自然环境和周边环境的不同，其社会环境必然会有所差异，这种差异也会反映在该区域繁衍生息的人群的文化心理中，又从一定生产与生活等文化现象中凸显出来。"[①] 我国地域辽阔、民族众多，不同的地域之间存在着很大的差异。某一地区的一个民族或者几个民族所处的区域环境以及由区域环境所带来的自然条件不同，使各个民族都在自己文化背景的基础上形成了区别于其他民族的传统体育活动方式，这就是传统体育的地域性。

俗语中有"百里不同风，千里不同俗"和"一方水土养一方人"的说法，这些都说明了地理环境因素对传统体育有着巨大的影响，使传统体育具有了地域性。在古代由于所处的地理环境以及由地理环境所带来的自然条件的不同，加之交通不便、信息量少，各民族受经济自给性和地方封闭等各种因素的影响，常常带有很强的地域性。所以，在这种具有地域性的文化背景上各民族都形成了自己独具特色的传统体育项目，所谓"北人善骑，南人善舟"就反映了地理环境对生产方式和传统体育的影响。关于这一点，钟敬文先生在其主编的《民俗学概论》中也曾进行过具体的叙述："北方天高地阔，人们的生产简陋、生活朴野，在与大自然的严酷斗争中培养了尚武精神，因此，赛力竞技游戏发达，如摔跤、角力、驰逐、拖冰床等；南方山环水绕，气候温和，农业精耕细作，物质条件优于北方边地，人们性格柔和、灵巧，富于想象力，擅长智能游戏和技巧游戏，如猜谜、对联、斗茶、弈棋等。当然这种区分是概略性的，南北游戏交叉共生的也为数不少。除南北两大地域差异外，还存在着山乡与水畔、高原与平野的区别，游戏娱乐因地制宜，如山乡的竹林竞技、水畔的水戏、高原的骑射、平原的登高等。"[②]

各民族不同的生产方式也是造成传统体育具有地域性的一个重要因素。各自区域自然环境独特，生产方式也有别，很容易就导致了各民族间体育差异。如从事畜牧业生产的蒙古族、哈萨克族等，得天独厚的生产、生活方式创造了赛马、叼羊、骑射等马上骑术项目。苗族、侗族等少数民族，在以小农经济为主的农业生产中，牛的作用

①　卢兵 . 中华民族传统体育文化导论 [M]. 北京：民族出版社，2005.

②　钟敬文 . 民俗学概论 [M]. 北京：高等教育出版社，2010.

较大，因此保留了在节日里"斗牛"的风俗。另外，畲族的赛海马、登山；高山族的投梭镖、挑担赛、春米赛；壮族的打扁担等都来源于当地人民的生产劳动。

另外，包括文化、风俗习惯、民族心理在内的人文地域环境的不同，同样也会造成民族体育的差异。北方人崇尚勇武、豪爽奔放，所以，力量型的项目较为突出，如摔跤、搏斗、奔跑、举重等；南方人的性格趋于平和、细腻，善于思考，擅长心智活动类和技巧型项目，如弈棋、游泳等。仅以舞龙为例，即可明显反映出南北方体育风格的差异。北方以武为主，强调龙的威武豪迈，气壮山河；南方以文为主，突出龙的灵活敏捷，变化自如。这些都是地域性格差异和人文心理造成的各民族体育文化的异质性。

自然环境在传统体育发展的初始阶段，可以说是起着决定性的作用，它体现出传统体育对地域环境的适应性和选择性。而纵观传统体育的发展，也恰恰体现出了地域性这一特点。

（三）交融性

经过数千年的发展，传统体育已经形成了独具风格的文化体系，这种体系既是相对封闭的也是开放的。随着社会的不断发展和进步，不同的文化模式与类型持续进行着相互碰撞和交流，民族之间的交流与渗透愈加深入，民族文化进一步融合，各民族都在这个过程中将其他民族的文化汲取进自己的文化之中，民族产生时所具有的共同地域、血缘关系、文化等都发生了不同的变化。人们在进行体育活动的同时，也将各民族许多传统的体育项目相互交流，共同学习，最终达成共识。这就是被一些学者称为"文化辏合"的文化融合现象。这种现象体现了传统体育的共融性特征。

随着民族间文化的不断交流，最初在某一地、某个民族中产生和发展起来的传统体育项目也逐渐被具有相同自然条件的民族接受和创建，这一项目也因此丰富、成熟起来。以龙舟比赛为例，据考证最初应源于古越一带，后来由于古越文化和长江中游文化的往来，这种体育项目就逐渐地扩展到了我国南方大部分省区，据对地方史书的记载，遍布我国南方15个省区。其他如马球、秋千、骑术、武术、气功、围棋等项目也都是在各民族文化相互交融中发展起来的。

另外，文化和艺术的相互融合也体现出了民族体育的交融性。例如，我国黎族的"跳竹竿"就是一种技击性和艺术性相统一的传统体育项目，在该项活动中，击竿者跪、蹲交替，节奏越打越快，跳竿者随着竿的分合和高低变化灵巧地跳跃其间，展现出各种优美的舞姿，既能强身健体又达到了健、力、美的和谐统一。

（四）文化性

中国传统体育是我国的宝贵文化遗产，它贯穿于中华民族复杂多变的 5000 年发展历程中，蕴含着丰厚的历史文化信息。它如同民族文化、民族风俗一样与各民族地区人民的政治、经济、文化生活息息相关，不仅体现了一种民俗文化性，也体现了华夏民族的审美情趣，具有强烈的民族文化性。下面我们就通过舞龙这一传统的中华民族体育活动来对传统体育的文化性进行具体的探讨。

众所周知，中华文化也被称为龙文化，而舞龙运动就是这种文化的主要表现形式。舞龙运动是人们在大的"龙文化"背景下，经过不断的加工和创造，发展至今的一项形式完美、内容丰富、表演技巧高超并带有浓郁民族色彩的体育竞技运动项目。它源于原始图腾和祭祀舞蹈，但又从根本上超越了任何一种原始图腾和祭祀舞蹈，从基于狭隘血缘关系的氏族文化象征，升华飞跃为多元一体的中华民族文化象征，充分体现了中华民族的精神内核。因此，通过舞龙运动，广大的人民群众可以体验到对华夏民族的亲切感、归属感和欣慰感。也正是由于中国传统文化的渗透和影响，传统体育才彰显出"刚健有为""中庸思想""天人协调"等的文化特征，这与当代西方竞技体育的体育思想和方法完全不同。

现在，舞龙运动已经成为炎黄子孙所独有的文化行为方式了。通过舞龙这种运动形式，中华儿女们保持着对自己民族的认同感。中国传统体育是中国传统文化的重要组成部分，对维护中华民族的大团结、增强民族凝聚力具有不可估量的作用。

（五）多样性

传统体育是由各民族共同创造的，其内容丰富、形式多样，每一个民族都有自己的传统体育项目，分布之广、项目之多，在世界上绝无仅有。姚重军曾经指出："传统体育的多源发生、多向发展、多元并存和多样统一是人类体育文化发展的常态和规律，多样性是中华传统体育文化的一个重要特点。"[①] 中国有 56 个民族，风俗各异，并且由于中国地域辽阔，分布比较广泛，因此各民族的体育就会因环境、习俗、宗教信仰各不相同以及政治、经济、文化教育发展的不平衡，无论是在形式上还是在内容上都具有多样性的特点。据《中华民族传统体育志》统计，中国 55 个少数民族就有 676 项传

---

① 姚重军 . 少数民族传统体育文化研究 [M]. 北京：民族出版社，2004.

统体育项目，汉族的传统体育项目多达 301 项，几乎每一个民族都有自己的传统体育项目。[①]

传统体育具有种类繁多、结构多元的特点，不同体育项目的动作结构、目的、时间以及技术要求都是不同的。有的运动项目是以养生、健身、康复和预防疾病为目的，如太极拳、气功等；有的是以抒发情感、愉悦身心为目的，如舞蹈、象棋、风筝、钓鱼等；有的是在农忙之余进行的；有的是结合在一些民俗活动中进行的；有的适合男性参加；有的只面向妇女儿童等等。另外，不同的体育项目也有不同的来源。有的项目与种族的繁衍有关，如哈萨克族的姑娘追、羌族的推杆、朝鲜族的跳板等；有的活动源自生产、生活习俗，如赫哲族的叉草球、草原的赛马和骑射以及江南水乡的竞渡等；有的项目来自宗教习俗；有的项目则直接由军事技能转化而来，如各个民族的武术等。由于种种因素的影响，就形成了各种各样、丰富多彩的传统体育。

传统体育的多样性不仅表现为体育项目繁多，还表现在同一种项目的多种风格。其中，武术运动就是具有代表性的一种，它的内容丰富、形式多样。就武术的内容而言，我们可以按照运动形式将其划分为武术功法运动、武术套路运动和武术格斗运动；根据拳种的风格和类别的不同，武术还有长和短、刚和柔、单练和对练、徒手和器械之分，可以说风格不同，各有特色。又如摔跤，由于民族地域的不同而分为蒙古式摔跤、加哲——藏族摔跤、切里西——维吾尔族摔跤等，其形式多样，风格独特。

另外，传统体育活动的多样性在参赛人数、活动的空间上也都有体现。"民间竞技项目数量众多，范围广泛。从参赛人数看，有单独显身手的，有两人对垒的，还有多人参与的。从竞赛的空间看，有室内竞技，如各种棋弈；也有室外竞技，如踢毽子、跳绳、射箭、赛马等。从有无道具划分，有的使用各种兵器或日常生活器物表演奇巧技能，有的则单独自身体能做精彩表演，如猜拳、捋战、摔跤等。"

中国是一个多民族的国家，地域广阔，不同民族和地区的人们生产、生活方式的差异是传统体育项目的起源和组织活动形式多样性的主要原因。另外，中国 56 个民族之间在传统上存在着差异，从而形成不同民族的文化类型和特点。每一个民族的人民都生活在一定的文化氛围中，有区别于其他民族的宗教、信仰、礼仪、习俗、制度、规范、文化心理等等，这也是导致传统体育多样性特征的重要原因。总之，传统体育多种多样，异彩纷呈。

① 中国体育博物馆，国家体委文史工作委员会 . 中华民族传统体育志 [M]. 南宁：广西民族出版社，1990.

（六）传承性

传承性是民族体育在实践上传衍的连续性，同时也是传统体育活动的一种传递方式。中国传统体育在漫长的历史演进中，经历了各种的入侵、融合与改革，甚至还面临消失的危险，但始终传承不绝，并表现出强大的再生能力。所以，传统体育也具有传承性的特点。

文化传承包括两部分内容，即物质的传承和非物质的传承。传统体育文化是一种非物质文化，只能通过口传身授的方式进行传承。概括起来，传统体育具有以下几种传承方式，即群体传承、家族（家庭）传承和社会传承。群体传承项目，如在各种风俗礼俗、岁时节令，以及大型民俗活动中所保留的传统体育活动的影子。家族（家庭）传承项目和社会传承项目，则主要表现在武术等一些专业性、技艺性比较强的项目上。

传统体育是一种非物质文化遗产，对它的传承主要是靠传承人来进行的，因此，某些领域或项目会因为传承人的死亡而消失，尤其在社会发生急剧变化的情况下，传统体育的生存空间更是会受到巨大的挑战，如当今的全球化、现代化浪潮，以及新型文化产业的异军突起，都会对传统体育的传承产生冲击，甚至会使之中断，在不经意中就会消失于历史的烟尘之中。因此，我们要高度重视传统体育的传承性，维系传统体育的生存与发展。

二、传统体育的功能

"文化是一个有机整体，由各个相互联系的文化要素所构成，其中每一个要素都起着一定的作用，完成着自己的功能。各文化要素功能间的相互作用，便是决定文化性质、存在与发展的机制，所以，功能学派重视文化特质的功能之间的相互作用，重视部分对于整体的影响。"[①] 传统体育作为一种文化形态，在不同的历史时期有着不同的社会价值和功能。随着人类社会的发展和民族文化的相互交融与渗透，传统体育所具有的功能已经越来越多元化，主要包括健身功能、人文教化功能、娱乐功能、民族凝聚功能等。

（一）健身功能

传统体育项目是在人类生产和生活的过程中产生的，与身体活动有着密切的联系，它要求人们直接参与运动，在各项运动中使人们的身体素质和健康水平都得以改善和

---

① 陈华文. 文化学概论 [M]. 上海：上海文艺出版社，2001.

提高。因此，传统体育的一个主要功能就是强身健体。通过参与运动锻炼能促进有机体的生长发育，提高运动能力，调理和提高中枢神经系统的机能，调节人的心理，提高人体对环境的适应能力。

在我国，有很多传统体育项目如武术、马术、龙舟、毽球、拔河、跳绳等对提高民众的身体机能具有重要作用，经常参与这些体育运动，可以达到增强体质、强身健体的目的。传统体育除了可以强身健体以外，还可以修身养性，促进身心的全面发展，提高生命质量。像"导引养生术""八段锦""五禽戏""太极拳"等一些传统体育运动就是人们健身和修身养性最有效的方法。

（二）人文教化功能

"中华传统体育作为一种具有深刻的历史内涵和丰富的活动内容的文化类型，在儿童启蒙、劳动教育、道德修养和审美情趣的培养等方面都发挥着不可替代的作用，从而保证了其社会文化价值的实现。"[1] 在现实生活中，体育教育能够影响人们的伦理道德观、价值观、审美观以及人们的行为模式。

在我国，无论是传统体育的产生还是发展，都与教育密不可分的。它作为教育的手段和内容，在历史发展的过程中起到了积极而重要的作用。在人类的早期教育中，传统体育是通过娱乐游戏、舞蹈等身体活动的方式来实现其教育功能。近代，以武术为主体的民族体育被列入学校体育课程。进入现代以后，传统体育在学校教育中得到了前所未有的发展。武术、五禽戏、八段锦等课程已经进入了一些高等院校的民族体育专业学生的课堂。另外，在幼儿园和小学的体育课中也编入骑竹马、跳山羊等，还有一些传统体育项目如秋千、木球、毽球、蹴鞠等被一些地区列为课外的体育锻炼项目。

通过参加各种传统体育活动，人们可以从中学习这些运动所承载的中华民族丰富多彩的民俗风情与文化，学习其中所蕴含的爱国主义精神、无私奉献精神等，表达对国家富强的美好祝愿以及强烈的民族自信心和自豪感。这些运动使人们在心灵上得到了净化和升华，使人们在潜移默化中接受着教育和感化。

（三）娱乐功能

传统体育在发展的过程中，不仅形成了自由灵活的形式，与各种民俗文化如宗教信仰、民俗节日等结合起来，还与民族艺术形式结合了起来，所以，它不仅具有健身

---

① 　陈华文. 文化学概论 [M]. 上海：上海文艺出版社，2001.

的功能，还是一种具有消遣性与游戏性的活动方式，可以满足人们表达情感、愉悦身心的需求，具有一定的娱乐功能。如蒙古族的"那达慕"大会、土家族的摆手舞、苗族的划龙舟等都是各民族表达情感、愉悦身心的一种方式。

随着社会的迅速发展、生活节奏的不断加快，人们需要承受的压力越来越大，急需一种方式能够解除精神上的紧张和身心的疲劳，来达到愉悦身心的目的，而传统体育活动就是人们找到的一种有效的愉悦身心的方式。传统体育有自娱、娱他的功能，是一种"快乐体育"，在现代社会生活中发挥着越来越重要的作用。

（四）民族凝聚功能

具有共同民族体育习俗的民族和地区可以自然而然地产生一种认同感和亲切感，使同一民族同一地区的人们聚集在一起。如舞龙、舞狮、赛马、拔河、踩高跷、斗牛、摔跤等活动，多是以集体为参赛单位，参与者除具有强烈的竞争心外，还有着集体荣誉感。因此，通过参加集体性的传统体育运动，培养了团结、协作精神，使人们的群体意识得到加强，对增强民族凝聚力和认同感起到重要的作用。

传统体育作为一种文化载体，对民族间的交流和联系也起到了桥梁和纽带的作用。新中国成立后，我国举行的每一次少数传统体育运动会都对加强民族间体育文化交流、振奋民族精神、促进民族团结、推动民族事业的繁荣和发展起到了重要的作用。所以，我们要加快民族地区体育事业的发展，大力开展传统体育活动。

第三节　传统体育的内容与分类

一、传统体育的内容

中华民族是一个具有悠久的发展历史的民族，在上下五千年的历史发展过程中，由于各民族地域环境和生活习惯的不同，以及产生和发展的时代背景不同，传统体育形成了丰富多彩、形式各异、具有鲜明传统特色的体育项目，并代代相传，流传至今。

（一）武术

中华武术有着悠久的历史和广泛的群众基础，是各民族共有的体育项目，具有重要的社会价值和民族文化特色。武术是一种以踢、打、摔、拿等技能方法为主要内容的传统体育项目，它以中国文化为理论基础，融合了道家的阴阳和五行、儒家的仁爱、佛教的忍等各种哲学思想以及传统医学的有关知识，是中国古代特有的文化现象。

现在，武术运动已经普遍受到各族人民的喜爱，并根据各自民族的特点演变出了具有自己独特风格的武术套路。武术不仅可以使人们达到健体防身、提高素质、锻炼意志、培养品德的目的，还具有经济观赏、丰富生活的作用。另外，武术也是人们切磋技艺、交流思想、增进友谊的一种很好的手段。

（二）民间体育游戏

民间节日里的娱乐节目经过不断的发展，最后形成了民间体育游戏。民间体育游戏是民族文化的重要组成部分，已经成为中华民族一笔丰富的文化遗产。现在，民间体育游戏仍在不断地发展着。

在漫长的发展历史中，我国各民族和地区形成了种类繁多、具有多元化样式的民间游戏活动。尽管不同的民间体育游戏活动会因为产生它的民族、地域以及文化背景的不同而有许多的不同之处，但是许多民间游戏活动在方式、性质和范围等方面还是在某些程度上存在着相似之处。总的来看，我国的民间体育活动可以分为儿童游戏、季节游戏、斗赛游戏、歌舞观赏游戏、智能游戏、杂艺游戏、驯化小动物游戏、助兴游戏和博戏等。

（三）少数传统体育

少数传统体育是我国的一些少数民族结合本民族的文化特色形成的一种经世代传承的体育活动，如珞巴族原始时代的弓箭、游牧民族的马术及藏族的牦牛比赛等。可以说，少数传统体育对不同民族生活的地域的文化特点和社会形态都有深入的反映，是各民族不同特征的形式表现。在我国少数民族地区，传统体育都具有表示丰收、婚嫁、宗教信仰等意义，并且通过这些活动方式得到不断的传承和发展。如蒙古族的打布鲁、瑶族的跳鼓、哈萨克族的姑娘追、苗族的划龙舟、黎族的跳竹竿等，都是独具民族特色且比较有代表性的少数传统体育活动。

二、传统体育的分类

世界上的各个民族都在其历史发展过程中形成了独具自己民族特色的传统体育，所以，传统体育不仅种类繁多、形式丰富，而且风格各异。想要对传统体育的内容有一个全面和系统的了解，就需要我们对其内容进行科学分类。只有这样，我们才能更准确地理解和把握传统体育的详细内容。

（一）竞赛表演类

这类传统体育的体育性比较明显，具有鲜明的民族性，对抗性强，需进一步推广普及。它们的表演动作一般相对固定，有一定难度，观赏性强，容易推广。很多体育项目都属于这类传统体育，如风筝、舞龙、舞狮、打鲁布、跳鼓、跳板、射术、劲力比赛、博弈等。

（二）竞技比赛类

竞技比赛类体育项目也具有较强的体育性，并且具有对抗性强、规则完善、参与者较为广泛、容易推广的特点，运用丈量、计时、计分、计环、计数等方法决定胜负。属于这类的体育项目有武术、摔跤、马术、毽球、叼羊、秋千、龙舟竞赛等。

（三）娱乐健身类

这类传统体育具有很强的观赏性，属于以健身功能为主的传统养生、功法类。这类体育的规则尚不完善，有待对其进行进一步的整理。

娱乐类传统体育项目富有趣味性，其目的是休闲娱乐，主要包括棋艺、投掷、踢打、舞蹈等。健身类体育主要目的是养生健身、康复和预防疾病。项目多样，如太极拳、导引、气功等。

第二章 中华传统体育的起源和发展

中华传统体育是中华民族在长期的融合发展进程中形成并发展的，作为中华民族独有的身体文化系统，中华传统体育不仅是中华传统文化的重要组成，也更是中华民族身体文化的结晶。传统体育作为一个历史的范畴，是历史进程的产物，也是中华民族文化在身体层面的理论和实践的总结。当今的时代是经济全球化和文化全球化的时代，传统体育的生存和发展遇到了严峻的挑战，如何实现传统体育的科学可持续发展，既是我们必须直面的现实课题，也是历史赋予我们的文化责任。故此，对传统体育本体发展的探究就显得非常必要，传统体育是一个庞大的文化系统，千头万绪之下，我们首先从其起源和发展谈起，正本清源，从而构建传统体育的基本历史轮廓。

第一节 古代中华传统体育的起源与早期发展

一、统一与分裂：中国的疆域沿革与传统体育的历史舞台

自有考古资料可查的元谋人起讫于当今，中华先民们在东亚大陆的这方热土上已生存了 170 多万年，中华民族在这一历史舞台上上演了一幕幕精彩的活剧，造就了绚烂的中华文明，成为世界上唯一的没有断裂的文明体系。在长期的历史进程中，中国经历了历史的兴衰和统一与分裂的交替。从石器时代文明的星星之火到夏商周渐成燎原之势，由早先的隔离和互无关联变成广袤的连为传统体育体的文明区域，中华文明也由此而肇始。公元前 221 年建立的秦帝国是中国历史上第一个传统体育的国家，秦帝国的疆域东至于海，西至甘陇，北越阴山，南包今越南北部，奠定了华夏民族基本的疆域基础。此后，中国既经历了汉、唐、元、明、清等传统体育的封建王朝，也经历了魏晋南北朝、五代十国的大分裂时期，以及宋、辽、西夏、金等民族政权对峙时期。总的来说，中华文明的发展区域呈现出扩大的趋势，唐朝和元朝的北部疆域更是

远达今西伯利亚。"乾隆二十四年（公元 1759 年），清朝最终奠定了中国疆域的基础，形成了传统体育北起萨彦岭、额尔古纳河、外兴安岭，南至南海诸岛，西至巴尔喀什湖、帕米尔高原，东至库页岛，拥有传统体育一千多万平方公里的传统体育国家。"①

1840 年的鸦片战争是中国历史的重要转折。中国由"天朝上国"变为帝国主义列强侵略的对象，列强武力迫使清政府签订了一系列不平等条约，侵占了中国的大片领土，甚至未经条约而直接掠夺了中国的大片领土。中国人民为此进行了艰苦卓绝的斗争，抗日战争的胜利更是夺回了此前割让给日本的台湾省和澎湖列岛。

由此，从早期的文明时期开始，中华民族经历了历史的动荡、生活和发展区域的不断变化，最终形成了今天 1045 多万平方公里的疆域面积，这既是今天中国的疆域面积，也是当下研究者探讨中华传统体育的区域空间。

中华民族生活的这片热土，大部分地处北半球的温带，长江、黄河、珠江等大河奔流其间，高原、平原、草原、沙漠、山地、丘陵等自然地貌多种多样，地理环境的多样性造就了中国文化的多样性。马克思曾经指出："资本的祖国不是草木繁茂的热带，而是温带；不是土壤的绝对肥力，而是它的差异性和它的自然产品的多样化，形成社会分工的自然基础，并且通过人所处的自然环境的变化，促使他们自己的需要、能力、劳动资料和劳动方式趋于多样性。"②中国传统文化正是在广袤的中华大地上形成了庞大而丰富多彩的文化体系。同时，由于中国东部海岸线平直，直面浩瀚的西太平洋，西南部和西部均有崇山峻岭的阻隔，西部更有浩瀚无垠的沙漠戈壁，为中华文化的发展创造了一个相对封闭的文化环境，使中华文化呈现出独特的民族色彩。当然，"地理环境对人类和人类社会的影响不能简单地归结为决定或不决定，而应该做全面的认识"。但地理环境对中国文化的发展起到了重要的影响作用是毋庸置疑的。中华民族体育作为中华传统文化的重要组成部分，显然也与中国的地理环境产生着紧密而不可分割的联系。

中国是一个多民族的国家，中国历史是由生活在中华大地上的多个民族共同创造的，中华传统文化也是多民族共同创造的结果。"文化所代表的生存方式总是特定时代的特定民族，特定地域中占主导地位的生存模式，它通常或以自发的文化模式或自觉的文化精神的方式存在。"③在中华传统体育的产生发展过程中，汉族、蒙古族、藏族、

① 田文波. 少林功夫文化地理空间融合研究 [J]. 武术研究，2019，(7)：1-4，11.
② 卡尔·马克思. 资本论 [M]. 何小禾，译. 重庆：重庆出版社，2014.
③ 衣俊卿. 文化哲学十五讲 [M]. 北京：北京大学出版社，2004.

回族、壮族、满族等 56 个民族都参与其中，共同成为中华传统体育的民族母体。无论是在早期的文明进程中，还是在当下高度发达的现代社会，各族人民身体力行，更新创造，不断丰富着中华传统体育的文化宝库，使其散发出更加迷人的光芒。中华传统体育作为中华传统文化的结合体，充分体现和包含了各民族的文化精神，并经过融合，成为具有中华民族特质的文化体系。

二、自然经济与农耕文明：传统体育发展的经济基础

中国是一个幅员辽阔的国家，长江和黄河作为中华文明的母亲河，孕育了中国的大河文明，黄河流域和长江流域在很早的时候就成为了中华先民的活动场所。在陕西半坡文化遗址和浙江余姚河姆渡文化遗址中，都有中华先民从事农耕的具体体现。在中国的长期历史进程中，自然经济和农耕文明占据了历史的主流，农耕自然经济是中国古代社会经济的主体。夏商周时期，农耕业已经成为中原地区华夏民族生活的主要来源，“日出而作，日落而息，凿井而饮，耕田而食”①，成为华夏民族的生活特色。基于这样的历史发展，中华民族在早期历史叙述中有许多关于治水和农业建设的描述，“尽力乎沟洫”“决九川，距四海，浚畎浍距川”②都说明水利对于中国农业经济的重要性。“禹平洪水，定九州，制土田，各因所生远近，赋人贡棐”③，并由于治水的功绩受到民众拥戴，建立了夏朝。进入封建社会，农业更是被作为整个社会的经济基础，并由此形成了自给自足的自然经济体系。井田制、屯田制、均田制等对中国历史影响颇深的土地制度既是对中国古代农业社会发展的促进，也体现出了土地对封建王朝统治的重要性。由于农业经济的主导作用，中国传统的价值观念表达出明显的重农轻商的倾向，认为“力田为生之本也”“工商众则国贫”，对于统治者而言最重要的是“民农则朴，朴则易用”。小农经济的长期存在使中国大地上的子民们大都安土重迁，与土地形成完整的结合，而不愿背井离乡，土地成为他们生命的全部和最重的束缚。中国古代的每一次农民起义都与土地兼并有着直接的关联，黄巾军起义、唐末农民大起义、王小波李顺起义、元末农民大起义、明末农民大起义、太平天国运动都包含农民对土地的诉求。土地兼并成为影响中国王朝更迭和历史循环的关键性因素。自然经济的自给自足和农耕文明的封闭性对中华传统体育的发展产生了重要的影响。首先，自然经济满足

---

① 王展威 . 击壤歌 帝尧时代 [M]. 武汉：华中师范大学出版社，2011.

② 孙树森 . 古为今用话沟洫 [J]. 农业考古，1992(1)：214-216.

③ 孙树森 . 古为今用话沟洫 [J]. 农业考古，1992(1)：214-216.

了传统体育产生发展的基本物质要求，使传统体育得到了持续稳定的发展。"忙来时耕田，闲来时造拳。"一方面体现出生活的从容与无争，另一方面体现出传统体育深厚的农业文化影响。其次，自然经济直接影响了中华传统体育文化品格的形成。无为，不争，追求娱乐成为中华传统体育的重要特征。

"不同的民族意味着不同的文化存在方式，体现于不同的文化规定与理解之中。"①农耕文明是中华文明的主体，农耕文明之外，在中国的北部和西北部地区存在着大量的游牧民族，他们"随畜逐水草往来"，"逐水草迁徙，毋城郭常处耕田之业"，②形成了不同于农耕经济生产方式的游牧经济。游牧民族与农耕民族不同的生活习惯，使其形成了不同于农耕民族的传统体育形态，充满了竞争精神。骑马、射箭、摔跤等传统体育项目都展现了游牧民族的强悍。游牧民族与农耕民族在中国历史上曾经发生过多次战争，但总的来说，和平多于战争，融合大于冲突，游牧民族"为被征服者所同化"，出现了农耕化的趋向。游牧民族与农耕经济的融合扩大了中华传统体育的经济基础，作为农耕经济的有效延伸，游牧经济使中华传统体育的发展形态更加完整，项目具有的代表性更加全面。

三、战争与民族融合：传统体育早期发展的动力源泉

战争与和平是社会发展的永恒主题，中国的历史是一部战争史，也是一部民族融合的历史。牧野之战、长平之战、巨鹿之战、昆阳之战、赤壁之战等著名战役，王朝末年的农民起义，以及华夏民族与边境地区游牧民族的多次战争共同构成了厚重的中国战争史。绵延不绝的战争使众多人民流离失所，生命财产受到了极大的伤害。同时，中华民族是一个勇敢的民族，各民族在捍卫民族主权和民族利益方面都勇于牺牲，尤其是近代以来，在反对西方资本主义列强的斗争中，中华民族团结御侮，共同保卫自己的神圣家园，取得了一次又一次的胜利，挽回了国家遭受的更大损失。战争在给社会发展和经济发展带来极大破坏的同时，对与战争相关的文化客观上起到了促进作用。传统体育的早期发展与战争有着紧密的联系。

战争需要有大批勇敢且技击本领高强的战士，所以，中国古代一直十分重视单兵格斗能力的增强，以提高军队的整体战斗力，武术的产生与早期发展在很大程度上与

① 鲁枢元主编．生态文化研究资源库 人类纪的精神典藏：下 [M]．哈尔滨：哈尔滨出版社，2021．

② 羽田明，张长利．游牧民与城市——特别是围绕突厥族的定居民化、城市民化 [J]．世界民族，1992(6)：40-44．

战争同步。战国末年和秦汉时期，手搏已呈现出多样化状态，打法已相当精准凌厉。手搏训练对于参加军事战斗的士卒而言，主要起着"习手足"的作用，从而提高战士对军事器械的使用能力。游牧民族为了提高战士的战斗能力，在战争间隙大量举行摔跤、骑射等与战争相关的传统体育活动，以促进和提高战士的个人素质。战争在给社会经济带来巨大损害的同时也促进了兵器的进步，推动了武术、射箭等传统体育项目的发展。青铜剑作为战士主要的短兵装备，从战国时期一直延续至秦代。陕西西安秦始皇陵兵马俑坑中出土的青铜剑验证了直到秦朝青铜剑依然在大量使用的事实。青铜剑作为短兵主流的同时，铁剑在战国时期开始出现，至晚到秦末汉初，在战争中青铜剑的主导地位被铁剑所取代。刀在汉代开始作为军队的正式装备。周纬《中国兵器史稿》有载："重刀之习，起于汉代，固如上说；然则汉剑亦自有其相当声价，未容忽视焉。列朝载籍之称述汉剑者，并不亚于汉刀之记载。"[①] 事实上，两汉时刀不但开始在军队中成为主要武器装备，而且帝王官员佩刀爱刀之风也开始兴起。魏武帝曹操曾令工匠制作五具好刀，并取"百炼利器，以辟不祥"之意命名为"百辟刀"。可见当时统治者对兵器制作的重视程度。游牧民族在制作兵器方面也不遑于后，匈奴、突厥等民族都可以制作精良的兵器，成吉思汗西征时更是携有大量的工匠。器械的改进对传统体育项目的整体推动显然具有重要意义。

在战争的同时，民族融合也是中国历史的主流，无论是和平的方式还是战争的方式，中华民族的形成都是民族融合的结果。魏晋南北朝时匈奴、鲜卑、羯、氐、羌等游牧民族纷纷进入中原，并建立了自己的王朝，他们积极汲取华夏民族的先进文明成果，改变落后的生产和生活方式，最后大多融合为华夏民族的一员。元代和清代是中国历史上由游牧民族建立的统一的封建帝国，在其广大的统治范围内，在很大程度上实现了各民族间的文化交流，促进了民族融合。许多历史上盛极一时的游牧民族，如东胡、鲜卑、乌桓、羯、氐、契丹等都已与其他民族融合在一起，共同形成了中华民族。民族融合背景下，各民族间文化交流的广泛进行对传统体育的发展产生了积极的推动作用，促使许多原本单一民族的传统体育活动成为多民族参与的体育活动，扩大了传统体育项目的受众和传播区域。在山西省灵丘县觉山寺的壁画中保留有清道光年间的布库壁画，布库本是满族人的体育活动，但在传统汉族的生活区域内有清晰的文化遗产，可见这一传统体育项目的推广程度。摔跤原本是游牧民族喜闻乐见的传统体

---

① 　周纬.中国兵器史稿 [M].天津：百花文艺出版社，2006.01.

育活动，随着民族融合的加速，在山西、河北的北部地区成为汉族和回族人民热爱的体育活动。武术亦是如此。我们可以看到，在当今的许多传统武术项目中，少数民族的武术拳种占有相当比例，这无疑说明武术早已成为多民族共有的传统体育项目。由此，民族融合在保持传统体育文化多样性的同时，更具有促进传统体育文化融合的作用。

四、儒家文化与百家争鸣：传统体育发展的思想源起

在农耕文明的基础上，中华民族形成了独有的文化体系，"中华文化的核心，不是一个空间位置的中心点或者中心区域的概念，而是一个以思想理念为中心的多维立体结构，思想理念是整个文化的核心"[①]。中华文化的多元构造一方面体现在各民族的多元文化构成上，另一方面体现在儒家、道家、法家、墨家等不同思想体系的多元结构上。但在中国长期的历史进程中，儒家文化一直占据主导的地位。陈旭麓对此曾指出："凌驾于社会存在之上的，是相应的意识形态构造。中国传统文化的主要部分，是以孔子为代表的儒学。孔学定于一尊的格局，是历史地形成的。"[②]

儒家思想作为传统文化的思想内核是中华传统文化的思想基础，决定了传统文化的历史走向和文化表达。

"天人合一"的思想是中国传统文化的根基，对于天人合一，孟子有曰："尽其心者，知其性也。知其性，则知天矣。"[③]董仲舒认为："天亦有喜怒之气，哀乐之心，与人相符，以类合之，天人一也。"[④]天人合一对中华传统体育的发展有着深远的影响，传统体育的代表项目武术完整体现了天人合一思想。在武术习练过程中，人们注重人与自然的交流，达于物我两忘的境界，在技艺修炼的同时着重于个人人格的培养。中华传统体育的许多项目都与生产生活息息相关，传统体育本身就是人们在特定自然环境中的产物，极为重视人与自然的和谐、人与人的和谐，从而实现社会的和谐。

中国传统的农耕社会使中国人在长期发展中形成了注重节制、追求和谐的文化性格。传统儒家文化中将人际关系的和谐放在首要位置。"礼之用，和为贵。"

---

① 毛庆根. 舒鸿体育思想研究 [M]. 杭州：浙江大学出版社，2017.
② 陈旭麓. 近代史思辨录 [M]. 上海：上海人民出版社，2019.
③ 孟子. 孟子 [M]. 哈尔滨：北方文艺出版社，2019.
④ 董仲舒. 董子文集 [M]. 上海：商务印书馆，1937.

"君子慎其独也。喜怒哀乐之未发，谓之中；发而皆中节，谓之和。"① 正是因为国人对"和"的追求，"和"就成为传统文化的核心理念。在"和"的思想指引下，"中庸"与"中和"的人生价值基本原则与人格发展成为中国人的道德追求和人生的理想境界。"中庸的核心便是思想行为的适度和守常，归根到底对个人人格的具体要求，则是要为人庄重、谨慎，节制个人的情感、欲望，反对固执一端的偏激片面，以达到处世通达圆融。""和"与"中"直接影响了中华传统体育的文化品格，使中华传统体育文化发展中和谐成为重要的理念。武术作为一种搏杀术，在其精湛的技术要求之外，更有着对道德的追求，对习武者的道德要求成为必须具备的条件。这就使武术在搏杀之外有了道德的约束，不再只是一项技术，而成为复合的文化体系。

儒家文化之外，道家思想作为重要的思想体系对传统文化的发展产生了重要影响。在某些层面，道家思想更与儒家思想形成某种对应，比如，与儒家的中庸思想类似，道家所提倡的守雌、处下、不争、无为的中道观直接影响着国人文化品格的养成，"不敢不天下先"②"知足者富"，更是直接影响着中国人的人生态度。及于传统体育，道家思想的烙印更是十分深刻，太极拳、形意拳都主张后发先至，不主动进行攻击，都体现了不争的思想理念。

同时，多种思想体系的交流使中国传统文化早期就具有了法制的观念。"儒以文乱法，侠以武犯禁。"先秦时期著名思想家韩非对"武"这一论断具有重要的社会意义。"知和而和，不以礼节之，亦不可行也。"③ 儒家文化在对于"和"的追求的同时，也提出必须以"礼"来管理，所以，传统体育的发展必须在一定的社会规则内进行。中国历代统治者不时地禁武，以免其统治受到影响。基于这样的社会背景，武术的传播者也将遵守社会规则作为能否传授的主要考量。

传统体育文化的核心就是中国传统的文化理念，亦即中国传统文化的身体表达。所以，传统体育文化的文化个性即是中华民族传统文化的核心价值所系。换言之，传统体育文化的核心就在于其所体现的传统文化理念。如果我们将其理念与价值作为糟粕抛弃，那么传统体育文化将失去其文化的脊梁，而成为无生命的文化体系。

---

① 引自《中庸》。
② 引自《老子》。
③ 引自《论语·学而》。

五、宗法与伦理：传统体育的社会根基

中华民族的文化发展，除却上述因素之外，社会政治结构的影响也至关重要。古代中国的社会政治结构主要体现出专制主义严密和以血缘关系为纽带的宗法制度完备而系统的特点。在此之上形成的中国传统政治结构呈现出家国同构的特点。"家国同构是指家庭、家族和国家在组织结构方面的共同性。"① 众所周知，古代中国一直以小农经济作为社会的经济基础，所以与小农经济这一生产方式相适应的家族制度也就成为中国传统社会结构的特征，并使国家结构也体现出家庭制度的特征，中国古代的王朝都是一氏一姓的王朝，朝代更迭更替类似于家族的变化，家天下成为中国古代社会的重要表征并非偶然，而是家国同构政治结构的必然。故而，早在春秋战国时期，孟子就说出了中国传统社会中家与国的关系："天下之本在国，国之本在家，家之本在身。"② 近代之后，宗法社会日趋解体，但依然呈现出其宗法制的本质，梁启超就针对此现象指出："吾中国社会之组织，以家庭为单位，不以个人为单位，所谓家齐而后国治是也。周代宗法之制，在今日其形式虽废，其精神犹存也。"③ 由此可见宗法制对中国社会的影响之深。作为中国传统文化的社会政治母体，宗法制对传统文化的走向与发展产生了深远的影响。

基于这样的文化背景，民族体统体育的传承与传统的宗法社会和社会伦理形成了紧密的逻辑关系。具体而言，武术门派的产生与中国社会宗法制度的内向封闭的特点有着极为密切的关系。门派的形成与传统社会中的宗法制度以及小农经济基础上相对封闭的文化环境有着密切关系，其中，传统社会结构中占据统治地位的血缘关系和类血缘关系的传承方式起着决定性作用。传统武术门派不仅是武术技术体系的代表，还特指技术的传承者。首先，在古代封建社会，受农耕经济的制约，一门一户的武术传承成为符合武术传播和发展的理想场所，师父能在"门户"中将自己的武艺传播，徒弟也能够在一个相对稳定的环境中专心训练。门派之内，师徒如父子，代代相传，促进了武术的精深发展。"一日为师，终身为父"，展示出了师徒制中宗法父权的本质，武术的传承遵循严格的师徒制。言传身授的习练就是这样一种相对封闭、缺乏外界交流的传承模式。同时，以血缘关系和类血缘关系为纽带的传承方式使得传承人将自己

① 李平. 中国文化概论 [M]. 合肥：安徽大学出版社，1999.10.
② 出自《孟子》。
③ 梁启超. 饮冰室合集：第5册 [M]. 北京：中华书局，2015.

所学全部传于后人，不但可以使自己的功夫得到继承，而且可以使自己的后人能自立于社会。这使武术拳种得到了有效、整体、系统的传承，在以宗法观念为主要思想控制手段的古代社会，武术的"绝技"是绝不会轻易传于外姓人的，这只能使武术在极小部分人群中传承，极大地阻碍了武术的广泛传播，制约了传统武术的现代化发展。这种传播武术的方式尽管其目的是安身立命，但维护"绝技"的终极追求却是维护所代表的宗族团体的利益，这也是其宗法制本质的根本体现。即便是近代，武术的传播也颇有宗法制的残留。

另外，传统武术门派中拜师收徒有着严格程序，并受到门规、戒律等严格的道德约束，这制约了武术的社会化传播。宗法强调非"正宗"不能得到"真传"，"传男不传女"；本族之外，"真传"也只是在有限的范围之内，并且要进行种种考察，其传承过程也秘不示人。其他非登堂入室的弟子不会得到真传，只能学点本门的皮毛。在单项拳种的每个门派传承发展过程中，往往只有本家族的几个传人得到真传，极大地限制了拳种的发展。如果得到"真传"之人再没有把所学及时地传于后人，那么此拳种就会就此失传。此外，宗法的崇祖观念，使人们产生"正宗"观念，普遍相信和认同本门拳种"天下第一"，故步自封，认为只要得到"真传"，必然能战胜其他门派。武术门派之间的竞争，也存在着严重的封闭性、争斗性和利益性等。

各门派封建残余意识严重，宗法观念强烈，导致了门派狭隘的山头主义、局部利益主义。拉帮结派、相互拆台、互不合作，是封建社会小农经济意识的明显表现，并由此产生了派与派之间的门户之见，相互之间不能进行有效的交流。门户之见的存在和危害严重阻碍了武术的传播与发展。

值得注意的是，尽管我们主要以武术作为解剖对象来展开讨论，但宗法制的影响绝不仅如此。为了维护家天下的政治结构，统治者从宗法制角度出发，对传统体育生命力进行阉割，所以，越到晚近，中华传统体育的生命力也越趋于弱势，这也是宗法制的文化恶果，内敛也由此成为中国传统体育的文化品格。

第二节　近代中国社会结构演变中的传统体育

一、闭关与开放：传统体育发展的时空变化

中国古代社会并不是一个完全封闭的社会体系，尽管由于地理环境的层层阻隔，中华传统文化与其他文化体系的交流需要经历艰难险阻，但中国与其他文明的交流从未断绝。佛教、基督教、伊斯兰教等宗教的东传可以直接体现曾经中西文化交流的繁荣。而且中国在汉唐时期依然有着积极的民族进取心，在对外交流方面并未禁止，所以我们所说的闭关锁国并不是中国古代社会的常态。明朝建立以后，由于民族内敛性格的形成，从立国起一直实行"海禁"政策，甚至"不准片板下海"，洪武十四年（1381）十月又宣布"禁濒海民私通海外诸国"，洪武二十三年（1390年）十月，"申严交通外番之禁"。当然，明初的禁海主要是禁止民间人士出海贸易等活动，官方活动依然在进行，永乐、宣德年间的郑和下西洋更是创造了当时的世界航海奇迹，但这种以朝贡为主要目标的航海活动却无法带领中国成为真正的航海大国。郑和之后，航海活动也不再举行，中国开始成为一个封闭的国家。当然，这里所说的封闭也是相对而言的，对于传统的东亚和东南亚的朝贡国，明帝国还继续与其交往。与此同时西方却正在开展浩大的航海活动，资本主义的萌芽出现，开始走向强盛的道路。

进入清朝，由于清早期郑成功等明代功臣在海上的强大力量，清政府更是严格限制和禁止对外交通、贸易；随着政策的变化，清中期之后，将与海外进行的贸易局限于广州一隅，规定各国商人的一切商务活动都必须通过少数经清政府特许的"行商"之手，并对出口商品的种类、数量进行限制。明清的闭关政策客观上曾经对早期抵御西方资本主义的海盗掠夺和对东南沿海的侵扰产生过积极作用，但闭关政策的实施对中国资本主义的萌芽和发展产生了阻碍作用，直接阻断了西方先进的思想文化和科学技术进入中国，使中国的科学技术和社会文明开始从中世纪的遥遥领先逐步落后于西方。

闭关锁国最终带给中国的是屈辱和失败，1840 年鸦片战争的失败使清政府在西方资本主义强国面前被迫地结束了自己的闭关国策，被迫打开国门。应该说，开放在此

时是被迫的，并非出于清政府的初衷。而且由于中国幅员辽阔，人口众多，开放并非一夕之间可以完成。所以，近代的开放也是一个缓慢的进程，我们不能高估开放的社会影响。但无论如何，国策的逐步改变使中西方之间的政治、经济和文化交流开始加速，近代西方文明开始对中国产生影响。

具体到文化层面，近代中国就是一部"觉醒"的历史，"甲午大败，……中国的民族具有群体意义的觉醒也因此而开始"，[①] 这里的觉醒已摆脱了因自卫本能而愤激的色彩，而是"主体对自身历史的自觉意识"。中国的先进人士开始反思和怀疑民族传统文化的先进性，思考中国为何落后于西方。这本身就是开放带给中国的结果。

近代之后从闭关走向开放的历史演变对传统体育的发展产生了十分重要的影响，传统体育的空间环境打破了以往的固定的封闭的环境，开始自觉和不自觉地被带入缓慢的国际化进程。传统体育的这一变化与西方体育传入中国基本同步。尽管文化的交流是双向的，但近代中国积贫积弱，睁开眼睛看世界，看到的是西方文化的先进、中国文化的落后，所以传统体育在近代之后的发展是在西方体育的竞争下逐步丧失文化空间的过程，是在西方体育强势面前的无奈和失语。加之近代中国外侮不断，而传统体育项目大多体现出娱乐的一面，缺乏竞争性，无法培养坚强的民族性格，所以，传统体育项目被视作落后和无用的文化，西方兵操则在近代中国独领一时风骚，习练西方兵操蔚然成风。西方体育文化在中国的强势对传统体育的冲击是巨大的，在西方体育的强势面前，传统体育个别项目的发展因其浓厚的传统文化色彩而在此时迸发出巨大的力量。武术在近代之后走向辉煌就是传统体育在闭关与开放的时空变化下所迸发的文化力量。只是这毕竟是个别的文化现象，并不具有全面性和代表性，却更加反衬出其他传统体育项目文化空间的丧失。

闭关与开放是中国步入现代的关键，也是传统体育文化的历史转折，在开放之前，传统体育是中华民族身体文化的全部，具有独一无二的文化地位。开放之后，传统体育开始失去以往的文化地位，在与西方体育文化的竞争中优势一步步失去，空间逐步被挤压。但文化的演变是缓慢的，再加之近代之后的开放进程本身也是一个缓慢的，传统体育作为中华民族几千年文明的结晶依然产生着巨大的力量，产生着巨大的影响作用。

---

① 　陈旭麓.近代中国社会的新陈代谢 [M].上海：上海社会科学院出版社，2006.01.

二、工业社会与近代化：传统体育发展环境的历史变迁

如果说闭关与开放对传统体育发展产生了重要的影响，那么近代化进程中工业社会的形成对传统体育发展产生的影响是决定性的。正如金耀基先生指出的那样："中国之社会的变革当然是一多面向的现象，但在基本上则是从一以人力、动物力为基底的农业社会转向为以科学技术为基底的工业社会。在这一转变中，社会的结构及其价值皆相应地会发生变化。"① 与西方资本主义强国战争的失败，使中国人开始认识到西方坚船利炮的先进性。"师夷长技以制人"，清政府内部的开明人士奕䜣、曾国藩、左宗棠、李鸿章、张之洞等开始在中国逐步仿照西方建立近代工业体系，这就是近代史上的洋务运动。从19世纪60年代到甲午战争前夕，洋务派初步建立起一个近代化的工业体系，其中因为军事战争的需要，枪炮、造船等军事工业是主要的建设内容，与此同时，电报局、织布局等与民众生活相关的企业也开始建设。而且，民间资本也大量从事于工业，在缫丝、纺织、面粉等行业取得初步发展，形成了民族资产阶级这一群体。甲午战败，洋务运动宣告失败，但工业化进程并未因此止步，而是呈现出更加快速的发展。工业化的进程对传统体育产生的影响是关键性的，如前所述，传统体育是建立在农业社会基础上的文化体系，所以其本体就带有农业社会特有的文化色彩。工业化进程对传统体育而言是其经济基础的改变，这一改变意味着传统体育所具有的农业社会诸多特征必须与工业社会发生转变，而这种本质的转变谈何容易？所以，传统体育发展的无所适从是可以理解的，事实上，不失传统体育，近代之后整个中国的传统文化体系都存在进退失据的两难。义和团运动是近代历史上中国人民面对帝国主义侵略的一次抗争，尽管许多拳众具有精湛的技艺，但在先进的火器面前精湛的拳技非但无法实现保家卫国的朴素愿望，更是只能以生命的代价来进行无谓的牺牲。所以，工业化的进程使武术的社会价值由以往的技击转向健康，这既是武术自身求变的结果，也是工业化进程的必然。

工业化带给传统体育的另一重要影响是标准化和可复制化的推行。我们知道，中国文化从来就是感悟的文化，我们的文化体系并不以科学的量化作为标准，也无法实现完整全面的复制。就如两个人无法完全相同一样，众多传统体育的习练者由于不同的理解和个体差异的存在，他们更着重于各自的心理体验，而且多数的传统体育项目

---

① 金耀基.中国文明的现代转型 [M].广州：广东人民出版社，2016.03.

并未建立起完整的体系，耳濡目染和口传心授成为主要的传播渠道，这就使许多传统体育项目都存在传播区域较狭窄、传播人群较少的状况。传统体育在农业社会形成的这些特征对其在工业化社会的发展产生了十分严重的影响。而与工业化同时进入中国的西方体育却具有工业化的标准化和可复制化的特点，使其可以迅速被民众所掌握，并可以实现快速的传播，对传统体育发展的冲击不言而喻。

工业社会使传统体育的经济基础发生了根本改变，而近代化则意味着中国社会的经济基础与上层建筑的整体变迁。欧风美雨，西风东渐，中国社会的发展目光由此转向西方，开始全面根据西方模式进行近代化改造。文化、教育都开始学习西方，这就使传统体育不得不实现自我的改变，寻求新的发展空间。新式教育的推行，使传统体育在近代教育体系中处于十分尴尬的地位，尽管政府也曾为此做出过努力，马良的新武术和中央国术馆的实践都对武术教学进行了有益的尝试，但我们也必须承认，与西方体育运动相比，近代中国并未走上正确可行的道路。整体社会的变迁使传统体育的文化空间和文化功能发生重大变化，许多传统体育项目的社会功能在近代社会成为落后的象征，不再为社会大众所认可，所以传统体育在近代社会开始面临生存的危机。

工业社会与近代化使传统体育的发展环境面临前所未有的历史变迁，传统体育不再有传统社会的恬淡与从容，而面临着前所未有的生存危机，这也是传统体育当代发展不够理想的直接原因。

三、传统与现代：传统体育发展的不同文化表达

近代之前，长期在封闭社会系统中发展的传统体育是影响中华民族唯一的身体文化系统。进入近代之后，西方体育文化开始进入中国，传统体育的发展一方面受制于西方体育文化的冲击，另一方面在寻求自身的发展新路。所以，传统体育的文化自新成为近代之后传统体育的重要特点，因其发展所产生的变革之剧烈，传统与现代的分化开始进入人们的视野。

众所周知，传统体育在传统社会中并无传统与现代的分野，这主要是因为其在农耕社会的发展并不明显，处于缓慢甚至停滞的状态。而近代中国的发展历史带给传统体育最为直接的影响是传统体育有了"传统"和"现代"两个完全不同的文化标签。在这里，传统不难理解，传统体育作为中国传统文化的分支其本体就来自传统，是传统文化的代言者。具体来看，传统体育在进入近代之后第一次有了传统这一文化标签，

其具有两个层面的含义。①传统是相对现代的西方体育而言的。由于有了现代体育的对比，我们的民族体育形式与文化体系只好成为"传统"。而且我们也必须承认，与西方体育对人的培养理念和操化的运动形式相比，我们的民族体育确实传统。②传统是相对自身的发展而言的。进入近代之后，传统体育面临"千古未有之变局"，自身必须寻求新的发展道路和发展模式，由此而形成的民族体育新范式，使其以往的发展成为传统。正是出于这样的理解，才会有传统武术这一概念的出现。

"现代"就不好理解，我们总认为传统体育就是传统与落后，与"现代"何干？但我们必须注意的是，所有的传统都曾经"现代"，传统只是过去的"现代"。所以，传统体育的近代发展就是其在近代化进程中不断"现代"的结果，当然，今天看来，这些发展也早已经固化为传统。同样以武术为例，今天的传统武术就包含许多近代以来武术的发展与变化。传统与现代就这样在传统体育文化体系的近代发展中形成了独特的历史逻辑。

"文化像血脉一样构成人的存在灵魂，对个体的生存具有决定性的制约作用，它构成社会运行的内在机制，从深层制约着社会的经济、政治和其他领域的运行和发展。"①因为传统与现代不同的文化标签，传统体育在近代以后就有着不同的文化表达，并产生了迥异的表达效果。

在传统的层面，近代之后的传统体育作为中国身体文化的凝结，是中国传统文化的重要组成部分，传统体育在实现传统的文化表达时更多是文化保守主义的表现。传统被认为是经典，是不能改变的。传统体育被视为民族的灵魂，是文化的精华，对传统体育的任何改变都是对其进行的破坏，都要负有历史的责任。此时的传统体育就被视作文化遗产，需要对其进行保护——首先是保护其生存，其次是保护其发展。近代社会的转变使传统体育的文化土壤发生了根本性变化，文化传统的逝去就成为我们必须面对的现实；我们只能也必须接受文化的演变和发展，事实上，传统体育尽管在传统社会中变迁并不剧烈，但也绝非没有变化，马球等盛极一时的传统体育项目在近代早已不见踪迹，对于当代而言这无疑也是一种传统的离去。所以，我们对待传统体育的"传统"表达，应更多地着重于对其进行发展，使其文化生命得以延续、文化内涵得以光大。如果只是将其放在缺乏文化基础的空间中进行保护，这种保护的结果只会使文化本体受到更多的伤害。

---

① 田志光. 宋代政治制度史研究 [M]. 北京：人民出版社，2017.

"任一文化的现代化，都是自己传统的现代化；任一现代化的文化，都饱含着自己的传统在内。"[①] 在现代层面，传统体育在近代化进程中不但意味着传统的延续，更意味着现代视野下的新发展。传统体育如何体现更多的现代色彩，如何为更多的受众所接受，是其近代之后发展的主题。所以，文化的自我更新就成为近代之后传统体育发展的基本表达。发展是永久的主题，失去了发展文化就失去了生命力，对其进行保护就成为空谈。所以，对传统体育文化最好的保护就是发展。当然，我们也要注意发展的代价，发展是对传统的扬弃，而不是全面放弃传统的发展。如果不再具有曾经的文化灵魂，传统体育的发展最终只能是镜花水月。所以，传统体育的现代发展必须站在传统的根基之上进行科学发展，否则，传统体育将不再传统，更无法现代。由上，我们要辩证地看待传统体育的传统与现代，只有把握好二者的关系，传统体育才能迎来更好的发展。

四、师徒传承与学校教育：传统体育传承途径的变迁

"作为知识和信念的文化，表现为符码和观念形态。"[②] 中国传统文化经过数千年的继承与发展，成为具有鲜明民族特色的宝贵文化遗产。受宗法社会的影响，传统体育的传承大多是以口传心授的师徒传承作为主要的传承方式，也有一些传统体育项目作为民族生活的一部分被世代流传下来。师徒传承作为具有代表性的传承途径对传统体育的发展起到了主导作用，一代代师徒相传，使传统的文化形态得以保留，使传统体育能够在传统社会中得以继承和发扬。同时，我们也要看到师徒传承的局限性：基于传统社会的影响，传统体育的传承途径比较单一，而且规定了诸多的可传或不可传的规定。由于受到传播者和受众的限制，传统体育的发展就显得比较局限。另外，宗法社会下的师徒传承与血缘关系和类血缘关系有着紧密的联系，使师徒与父子等关联起来，对传统体育的传播和发展起到了很大的阻碍作用。

传统体育项目中又以武术最为典型。中国武术的传承主要通过师徒传承的形式进行，并且以只可意会、不可言传作为其主要特点。习练者在长期的习练中通过师父的传授，对直观经验的长期积累和反复思考，通过"悟"来提高自己的技术水平和认识水准。所以，中国武术的习练往往是终生的，通过不断地体悟来获得对传统文化精髓的不同体会，而且随着技术的精进和认识的提高，武术修为在不断提高。但显然，这

---

① 郭齐勇. 文化学概论 [M]. 武汉：武汉大学出版社，2014.

② 苏国勋、张旅平、夏光. 全球化：文化冲突与共生 [M]. 北京：社会科学文献出版社，2006.

种提高绝非轻易可得，如果得不到真传，甚至永远无法得到技术的真正提高。由此，师徒传承对于武术的传播和技艺的提高都形成了某种意义上的局限。

近代宗法关系的逐步弱化，使师徒关系无法同传统社会相比拟，尤其是近代之后西方学校教育体系的逐步建立，使传统的传承模式受到了很大冲击。现代价值体系的建立和个人价值的体现更是对传统的师徒关系形成了巨大冲击。尤其是传统的师徒传承向现代的学校传承的转变，更是对传统武术在现代的发展进程产生了难以估量的影响。

明清时期，军事训练中将武术作为重要的训练内容，特别是清朝统治者以骑射征服中原，以少数族群对多数族群进行统治，在文治之外武力的重要性不言而喻，所以，清政府将骑射武功视为帝国的立国之本。鸦片战争及之后多次对外战争的失败，清政府认识到坚船利炮的重要性，尽管军队仍然练习武艺，但已不再是军事训练的主要内容。《清史稿》卷一○八载："光绪二十七年（1901年），卒以武科所习硬弓、刀、石、马步射无与兵事，废之。"晚清时期，曾任济南镇守使的马良在山西武备学堂担任武术教习，教习所用的教材就是其自编的教材，共分摔跤、拳脚、棍术、剑术四科，民国初期定名为"中华新武术"。运用自编的武术教材进行武术教育是传统武术走向现代化的一种全新尝试。1911年，马良任陆军第九协统驻扎山东潍县，邀集一些武术名家，发起编纂武术教材，并将此教材定名为《中华新武术》。1914年，马良广邀各派武术专家，修订《中华新武术》。此后，在马良的力推之下，1917年，陆军部咨行训练总督和警察总督，定《中华新武术》为军警必学之术。为配合推广《中华新武术》，马良于1914年在济南创办"武术传习所"，培养师资，分派各地。当时北京、天津、上海、山东等省市的一些武术体育组织及许多学校都把《中华新武术》列入了体育课程当中。《中华新武术》一书的出现是传统武术主动要求现代化的一个重要标志。它打破传统武术的门派之别，而以传统武术基本动作为素材，以西方兵式体操的操练方法为练习的基本方法，分段分节地配以各种口令，而且还出现集体表演性质的团体操练方法；更为重要的是改变了传统武术中的师徒单一传承方式，而借鉴西方教育体系当中的师生关系来进行武术传承，这与传统武术以往的发展路径有着本质的区别，也为日后武术进入课堂奠定了良好的基础。同时，由于《中华新武术》的规范化使其更易于推广普及，为传统武术的社会化传播奠定了基础。

1913年起，各级学校的运动会中陆续出现了一些武术竞赛项目。例如，上海工业学校和徐家汇高等工业学校在 1913 年 12 月 8 日举行的秋季运动会上,就有拳、刀、棍、枪、剑等武术表演。1914 年,徐一冰在《整顿全国学校体育上教育部文》中,建议将武术列为高等小学、中学、师范学校的正式课。[①]1915 年 4 月,在天津召开的"全国教育联合会"第一次会议上,通过了北京体育研究社许禹生等人提出的《拟请提倡中国旧有武术列为学校必修课》议案。教育部明令:"各学校应添授中国旧有武技,此项教员于各师范学校养成之。"至此,武术正式进入学校教育领域。

随后,自 1915 年起,武术被明确规定作为学校体育教学内容,对武术技术动作的改编改变了大众对传统武术的偏见,也意味着以现代化的教育理念来尝试改造传统武术的开始,使其进入课堂教学实践当中,这是武术现代化发展中具有里程碑意义的尝试,也是近代以后武术变革的重要表现。

以武术为代表的传统体育的传承方式从师徒传承向学校教育的转变,是一个长期的历史进程,直至今日,师徒传承和学校教育依然是传统体育重要的传承方式。传承途径的变迁是传统体育现代化的必然选择,也是传统体育传播的重要变革,对传统体育的发展起到了重要的推动作用。

第三节 传统文化对传统体育的孕育与滋养

一、生产与生活:传统体育的物质源泉

作为生长于中华民族传统文化襁褓中的文化子系统,传统体育是一种身体的文化,更是一种生活文化。中华传统体育以儒家的文化为主要映像文化,以封建专制制度和小农经济为土壤,以气功、武术、风筝、龙舟等为代表形式。中国的传统文化对传统体育的形成、发展产生了较大的影响,形成了以崇尚礼让、宽厚、平和为价值取向的东方体育,中华民族尤其是少数民族在相对宽松的文化环境里,创造了大量的、形式独特的本民族体育。这些体育活动形式大多与他们的生存环境、自然条件相适应,与生产劳动相联系,与民族相依存,在民族节日和一些大型的喜庆日子经常举行,形式丰富、内容多彩的民族体育不仅丰富了人民群众的生活,而且增强了民族成员间的内部团结与民族认同,是传统体育的重要组成部分。

① 徐一冰.整顿全国学校体育上教育部文 [J].体育杂志 (上海 1914),1914(2):6-11.

中国土地面积广袤，传统体育的最大、最突出特点是它的区域性。由于各民族的地理环境、自然条件、生存方式等方面存在较大的差异，因而起源于生产劳动，以及与自然条件紧密相连的体育便有了相应的独特性。"南人善舟，北人善马"就是这一特点的最好写照。例如，蒙古族自古以来就生息在祖国北方辽阔的草原上，"逐水草而迁移"的游牧生活使得蒙古族人精骑善射，摔跤、赛马、马术、赛跑等体育项目都具有浓郁的草原民族特色。居住在东北地区的鄂伦春族，在绵延数千里的原始森林中，从事狩猎业生产，独特的生活环境使鄂伦春族人性格豪放、勇敢强悍。骏马、猎枪、猎犬世界闻名，射击、赛马、皮华犁、桦皮船、斗熊是他们所钟爱的体育活动形式。居住在云贵高原西南峡谷区的大理白族，其传统体育有赛马、赛龙舟、霸王鞭、秋千、仗鼓等。居住于古越一带的人民，因林木繁茂、水网交错，则善制舟楫，巧于操舟。

传统体育是传统文化的一部分，所以在其文化母体上反映出中华民族整体文化的相应特点，这一特殊的文化表现在少数传统体育文化中尤为突出。蒙古族、藏族、维吾尔族等少数民族早期都属于游牧民族，他们历来用马、养马、爱马，具有丰富的关于马的文化，这些民族都有形式和规则不尽相同的广泛的赛马活动，赛马活动正是马文化在人类文化活动中的反映。傣族人有一种象脚鼓对踢比赛，比赛时两人一边打锣，一边做各种动作，伺机对踢，做的动作有跳跃、转身、下蹲、躲闪等。动作与鼓响相配合，韵律与力量共存。象脚鼓对踢比赛反映了傣族人把大象看作吉祥物的文化特点。

许多传统体育活动同各民族的生活紧密联系。生活在云南大山中的怒族青年经常自发地举行溜索比赛。溜索就是从横跨在大江两岸的钢丝上滑溜过去，由于横断山区山脉纵横、河流湍急，这一地区的少数民族人民借助于一种特制的"溜板"和"溜带"，把人们吊在钢丝绳上进行这种活动，从而实现民族间的交流。溜索是当地人民重要的交通方式，也是实现文化交流的重要形式。随着物质生活水平的提高、交通条件的改善，作为交通方式的溜索的作用逐渐下降，在很多地区已经成为重要的民族体育活动。男女们在溜索过程中经常做出各种高难度的动作，使观看者为之惊呼。由于溜索具有一定的危险性，是一种勇敢者的运动，所以往往需要参与者有优良的身体素质和精湛的技巧。侗族、壮族、仫佬族中流行的抢花炮也是一种来源于生活且运动量很大的传统体育活动。

还有一些传统体育项目结合文艺，在节日、集会日举行，观赏价值很大。例如黎族的跳竹竿，每逢黎族的传统节日，如正月十五、三月三的夜晚，人们酒足饭饱，穿着盛装，蜂拥到村前村后的草坡上，燃起篝火，打着火把，一组一组地跳竹竿。这项活动是由 8 人持 8 根竹竿在两头，跪在地上，伴随着音乐、锣鼓，一分一合地打，另有 4~8 人在竹竿的空隙中来回跳动。参加这项活动和在旁边观赏的人都觉得很有趣。

我国是一个拥有 56 个民族的大家庭，许多少数民族的节日都与传统的体育活动建立起了紧密的联系。节日为民族体育活动的开展提供了便利的场所，体育活动则为各民族的节日丰富了活动内容，增加了活动色彩，相得益彰，相映生辉。少数民族的节日活动由此成为传统体育活动的重要来源。

与少数民族节日相关的传统体育活动主要分以下几类：①祭祀性质的节日活动。这类节日形成的时间较早，那时自然科学尚不发达，人们对一些自然现象还不能用科学道理加以深刻地理解，于是就通过舞蹈模仿自然界动物的形态、动作来表达图腾，以示对祖先的崇拜、对万物之神的敬仰，以此来取悦神灵，祛除人世间的灾难，保佑人畜平安、五谷丰登。等这种原始信仰的祭祀活动，演变为节日活动被固定下来，代代相传直到今天。②纪念性质的节日活动。这类节日大都是各民族为纪念本民族历史上的重大事件和缅怀本民族英雄人物而确立的，一般都有准确的日期。例如锡伯族的"杜因拜专扎坤"节，也叫"四·一八"节，节日的由来是纪念历史上锡伯族的迁居活动。③庆贺性质的节日活动。最典型的莫过于春节、藏历年、开斋节、傣族的泼水节、哈尼族的十月年节等等。许多民族和汉族一样，以春节作为自己的主要节日，自然节日期间的民俗活动、体育活动多种形式并举、异彩纷呈，构成了节日活动中的喜庆氛围。④社交娱乐性质的节日活动。因为少数民族多居住在边远的山区，或者是茫茫的大草原上，由于居住分散、交通不便等原因，他们平时很少交往，所以，只有规定固定日期和地点，大家能有社交和经济、文化交流的机会，也包括青年人的谈情说爱，当然，文体活动那是必不可少的。白族的"绕三灵"也属于这个范畴。每年农历四月二十三日，成千上万的人结伴沿苍山洱海巡游歌舞。队伍中既有吹唢呐、弹三弦、唱白族曲艺的民间艺人，也有一对对打霸王鞭、敲金钱鼓和舞双飞燕的男女青年，人们吹拉弹唱，一路欢歌，既锻炼了身体，又愉悦了身心。

中华大地上的各个民族在其长期的历史进程中形成了具有本民族特色的风俗习惯。传统体育与民族风俗习惯紧密相连，互相渗透，形成了传统体育的民族性特点。民族文化促进了传统体育文化的深化和发展，传统体育则丰富了民族文化的文化内涵；传统体育融入各民族的传统节日、婚俗、祭奠活动中，成为民族生活的重要组成；同时，各民族的节日、歌会、墟场、庆典活动容纳了传统体育，为传统体育的发展提供了文化空间，从而推动了传统体育的发展。许多传统体育项目不再是单一民族的体育活动，而成为多民族参与的体育活动，既促进了民族文化的交流，又共同推动了中华民族的大团结和大繁荣。

二、竞技与娱乐：传统体育发展的基本历史走向

在儒、道两家思想的长期影响之下，中国人形成了和平文弱的文化性格。重文轻武成为中国历代尤其是唐之后历代的共同特征，在遇到外族入侵时，依靠自己先进的文化来同化对方，而非战争。在处理民族问题时，也往往先是"和亲"，而非坚决地抵抗。中国人所瞩目和敬仰的对象，是"羽扇纶巾，谈笑间，樯橹灰飞烟灭"的最高境界，而非许褚、张飞一般孔武有力的勇将。在世俗的生活中，"人们重节制、求平稳的结果是老成持重、世故圆滑、妥协折中、谦退忍让、随遇而安成了中国人的立身准则"。和平文弱的文化品格与崇尚竞争的西方文化有着本质的区别，其对中国古代体育文化品格的形成有着直接的影响，中国古代体育的娱乐主线与此有不可分割的关联。甚至可以说，正是这种文化品格直接导致中国古代体育未能形成像古代奥林匹克运动那样竞争激烈的赛场竞技，而是追求娱乐。当然，中国人的这种文化品格并不是与生俱来的，而是在长期的历史发展中形成的。在中国历史文明的早期，中国文化高度发展，是东亚文明圈中成熟得最早的文明之邦，地理位置又相对隔离于其他文明古国，形成了自我的文化优越感，习惯以高高在上的天朝上国来看待周围的"蛮夷"之邦。这种高高在上的文化态势，使中国很难能以正常的心态来对待其他文明。翻开中国的文化交流史，中国人很少采取向外扩散自己的文化和宗教的方式主动行动，对外来文化只有在认同中国传统文化的基本价值观的基础上才能被接纳。文化上的保守也就由此而产生，保守自足的天朝上国成为"中华帝国"晚期的最好写照。

文化品格的文弱和文化态度上的保守共同造就了中国古代体育文化内敛的特性，这种内敛不仅表现在其发展的走势上，也体现在其运动项目本身。中国古代体育的众多项目都不是以竞争为主要目标，而是以身心的独特体验作为自己参与的目标。内敛的体育文化品格直接影响着当代中国传统体育的发展，由于这种内敛、无争，传统体育在传播过程中往往不具备像奥林匹克运动那样的冲击力，是传统体育国际化滞缓的深层原因之一。

　　武术是中国古代体育中的最好代表，并且它的发展与军事有着很大的关联。但即便是武术，最终也没有成为如同拳击、摔跤等一样激烈对抗的运动，而是在更大程度上成为娱乐形式的一种。随着社会的发展，武术的表演功能已日益突显出来，唐代的公孙大娘剑器舞不仅使杜甫留下了传世的诗篇，也让张旭的草书得以精进，成为一代书圣。在古代宫廷中的武舞更是不可胜数，遍布于史籍当中。我们不难看出，武术这个应与对抗和竞技密不可分的传统体育项目同时也是宫廷娱乐的内容。

　　更多的传统体育项目本身就是娱乐的一种，如拔河、围棋等。拔河在中国起源甚早，在宫廷和民间都有很好的开展。在唐史中曾载有唐中宗李显时的一场拔河比赛，拔河队伍的组成竟出自朝廷中最高级别的官员，即宰相和大将军，其中当时的七名宰相都参加了比赛，包括高龄的唐休璟和韦巨源，比赛直到这两位当朝宰相因力竭而摔倒才宣告结束，从中我们不难发现拔河的娱乐性之强。围棋亦是如此。围棋运动在唐代已趋于成熟，当代所普遍通用的十九乘十九已于此时开始使用。这种运动形式不仅为民间所喜欢，也为宫廷显贵所喜爱。在唐代甚至有专门的围棋待诏，作为选拔人才的一种手段。唐代著名的永贞革新的领导者王叔文就是一个著名的国手，可见这一运动的影响力。

　　从以上几项中华民族具有代表性的传统体育运动项目来看，娱乐一直是它发展的主线，是娱乐使这些运动项目得以在古老的中国大陆发展。这一现象的产生与中国的传统文化有着十分重要的联系，正是上述相对和平的环境和大一统国家使中国古代体育竞技性不强，娱乐性十足。

　　当然我们也应看到，在许多边疆少数民族的传统体育项目中，也有许多与战争有关的激烈对抗的内容，这与作为主流的中国古代体育的发展趋势似乎并不一致。但由于中国传统文化的巨大影响，这些内容并未形成像奥林匹克运动一样的规模和体系，而是向中原地区强大的汉文化转变。这无疑印证了我们上述的观点：娱乐是中国古代体育发展的一个主线。

　　中国的传统体育以娱乐为主的发展脉络，直接造成中国古代体育从形式上大多以休闲为主，追求对过程的体验、心里的感受、身心的愉悦，这也是中国传统体育的最基本追求。中国古代体育的发展最终没有形成一个具有竞争精神的运动机制。以最具代表意义的武术而论，尽管其在技击上有十分明确的要求，但在实际的修炼过程中却很难用一个具体的标准来衡量习练者水平的高低。由于中国传统文化的影响，武术本身的追求也如同上述的一样，在于一种习练过程的心理享受，享受过程成为武术习练者最终的追求。即使是竞技，武术也不像西方体育那般无情，而是讲求点到为止，竞技的目标也绝不是胜负本身，而是对道的追求，对更高习练水平的追求和向往。武术如此，其他体育项目也就不言而喻。

无论是拔河还是放风筝，都无一例外地追求的是参与者自身的身心享受，而与胜负无关。愉悦的追求、美妙的心理体验均成为中国古代体育最大的外在特征。这也是中国没能够形成具有竞技色彩浓厚的体育项目的原因之一。很难想象，中国的先民会像古希腊的民众一样赤身裸体地参加运动会，更不要说以命相搏（这是儒家传统道德所绝对反对的）。

中国体育曾经流传过的有一定竞争精神的运动项目，最终因此而消亡在历史的风尘中，不见踪影。比如唐代曾流行一时的由吐蕃传入内地的马球，竞争是比较激烈的，曾经十分盛行，甚至于像唐玄宗、唐敬宗等君主也十分专长于马球运动。但进入宋代以后，马球却几乎一下子从人们的目光中消失，成为如今人们记忆中的一项运动，仅留下曾经的繁荣让后人怅惘。还有蹴鞠，古代足球运动的雏形，也没有形成如同近代英国所兴起的现代足球，而是消失在历史的记忆当中。可以说，中国人的文化品格和中国人对体育的要求是竞技精神较强的运动项目的直接杀手。尤其是进入"中华帝国"的晚期以后，对先进文明拒之于门外，不再有当年百家争鸣、百花齐放的开阔胸襟，不再有文化上的进取心，在体育上也就更加体现出享受愉悦这一最初始的要求。

对愉悦的追求作为中国体育的一大特色，尽管它使中国体育无法形成像西方体育一样竞技性强、可以量化的运动特质，但它也带给了中国人对体育的独特体验。尤其是及于当代，每个社会个体都在日渐激烈的竞争中疲态尽露，这种享受体育的追求也就更易为更多人所接受，成为人类所追求的最高目标。如果从这个意义上说，中国的先人也许是有先见之明的。

三、身体文化与道德追求：传统体育发展中的中国意识

中华传统体育是在中华传统文化浸润下产生发展的，在其文化本体上处处可见中华传统文化的踪迹。作为身体文化，中华民族传统体育与西方体育在文化本质上是趋同的，但二者的文化差异性却十分明显，其中主要的原因就在于中华传统体育的道德追求。当然，我们也并不否认西方体育内涵的道德化诉求，只是东西方之间的文化鸿

沟造成了二者道德诉求差异性的存在。与西方体育竞技、竞力，崇尚公平竞争不同，中华传统体育却洋溢着"不争"这一核心的文化诉求，这从传统体育的物质来源即可看出。如前所述，传统体育大多出于各民族的生产和生活活动，本身就是为了娱乐和享受生活而进行的，所以，传统体育的"不争"也就不难理解。

"不争"的背后，我们可以看到传统体育所蕴含的中国道德色彩。在儒家文化和道家文化的影响下，在小农经济的基础上，中华传统体育贯穿着对中与和的追求，致中和是中国文化的理想境界，也是传统体育最高的文化表达。基于这样的文化背景，武术这一传统体育中极具竞争性的项目也在其搏杀的外表上增添了一丝脉脉的温情。最晚至于汉代，武术就已提出了对习武之德的要求，王充的《论衡》和曹丕的《典论》都已有师徒传承习练剑技的记载，并在传承过程中明确提出对习武者的品德要求。应该说，这是中国古代体育一个超越时代的贡献。我们知道，同时代的西方此时正在罗马竞技场的狂欢中欣赏斗士们的无情搏杀，凶残和死亡成为观众为之欢呼的场景。中、西方体育不同的文化理念由此显而易见。基于中国武术文化本体的道德诉求，在漫长的历史进程中，对于道德的要求就成为传统社会武术传播的重要参考。师徒传承过程中师傅对于徒弟的挑选十分重视，道德要求超越习练武术的资质被放在首要位置。少林功夫扬名宇内，在少林功夫中有"十不传"：人品不端者不传；不忠不孝者不传；人无恒心者不传；文武不记者不传；借此求财者不传；俗气入骨者不传；市井刁滑者不传；骨柔质钝者不传；拳脚把式花架者不传；不知珍重者不传。我们可以看到，其中大多是关于道德的要求。太极拳传授对习练者也有很高的道德要求，有"十不传"之说：不传无德者；不传得宝忘师者；不传无纳履之心者；不传心术不正者；不传半途而废者；不传心迹不轨者；不传好怒好愠者；不传匪事多端者；不传狂妄自大搬弄是非离间团结者；不传不知师弟之道者。这些武术的门规戒律使武术摆脱了竞争与搏杀而回归于道德的诉求。当然，我们并不是说武术不再追求技艺的精进和对敌人的残酷，只是作为一项技击术给予道德束缚对于其在社会中广泛开展无疑具有重要意义。

传统体育对于道德的诉求既体现了中华民族不争的文化诉求，也是中国身体文化所独具的中国意识。当代世界是一个竞争激烈的世界，文化全球化背景下我们直视的是西方文化的强势，与强势的西方体育相比，传统体育一定要保持自己的中国意识，将传统体育的道德诉求放在首位，从而使中华传统体育的不争与和谐成为世界人民的共同追求。这是时代的要求，也是中华传统体育在实现文化复兴过程中的必由之路。

四、民族与世界：传统体育的未来发展

作为一个自然世界的存在，我们所居住的这个星球从它诞生的那一日起，就是一个不可分割的整体；但作为一个整体的人文世界的存在，人类之间的全面联系却只能从地理大发现方才开始。随着西方资本主义和西方殖民主义的发展，我们这个世界在短短几百年间走过了以前几千年都未走完的道路，世界也由割裂而变成整体。随着全球一体化进程的进行，文化全球化也已是大势所趋。在文化全球化的过程中，西方文化确实还占据着主导性的话语权，但与之相反的是，西方文化的这种强势地位随着全球化趋势的加强，并没有继续得到加强，而是在不断地削弱。其中的主要原因是，全球化的进程使越来越多的国家认识到民族文化的重要性。文化边疆、文化安全、软实力正在成为越来越多的学者的口头禅，如何在全球化面前保护和发展本民族的传统文化，正在成为众多民族所面临的课题。而且，经过文化的扩张，西方文化的劣势也正被认识到，在人们的心目中，西方文化也已不再是以往的没有瑕疵的文化，人们已经开始认识到西方文化的不足。在文化全球化面前，人们由原先的盲目变得更为理性，各民族的文化也开始引起更多的重视，文化的多样性得到了更好的体现。在大势面前，体育自然也不能独身于外。

奥林匹克运动是当今世界体育的主导者，这是一个不得不承认的事实。进入 21 世纪之后，包括中国在内的众多发展中国家已经认识到民族文化的重要性，对民族文化的发展给予更多的支持和重视，开始重新审视自己的文明家园，但由于几百年来所形成的以西方为中心的强势文化，民族文化如何实现更好的保护是一个考验众多民族的重大课题，文化边疆更成为众多学者所关注的命题。所以，如何在奥林匹克运动的冲击面前，擦去传统体育的满目灰尘，是我们的责任，也是我们努力的方向。事实上，尽管我们的传统体育曾经枝繁叶茂，但时至今日，传统体育在社会生活中所起到的作用和社会中所拥有的地位都远不及奥林匹克运动。在奥林匹克运动的强势冲击之下，传统体育正在日益失去当年的风采。作为一个曾经为世界文明做出过重大贡献的国度，中国古代体育的发展虽未能像古代奥林匹克运动一样系统完整，但也独辟蹊径，走出了一条完全不同于西方的发展之路，形成了一个独立的体系。传统体育是中国人民为世界做出的又一个贡献。它告知世界，体育运动并不只是竞技，并不只是快、高、强，还有如此可以享受过程、愉悦身心的运动项目存在。

　　与奥林匹克运动相比，缺乏竞技精神是中国传统体育最大的劣势，但随着奥林匹克运动发展中诸多问题的出现，我们的传统体育也开始展示自己的优势之处。近些年来，奥林匹克运动在发展过程中出现了一系列的负面问题，腐败、兴奋剂已成为奥林匹克运动身上的两大毒瘤。尤其是兴奋剂，对奥林匹克运动造成了难以估量的负面冲击。服用违禁药物已成为许多运动项目公开的秘密，这与奥林匹克的宗旨显然是背离的。造成这种现象的主要原因，就在于奥林匹克运动的商业化进程。商业化给奥林匹克运动在 20 世纪 80 年代之后带来了新的驱动力，同时，商业化也在侵蚀着奥林匹克运动本身。相较而言，我国的传统体育项目在商业化大潮之下，却显示出了自己的优势，其出发点与奥林匹克运动的迥然不同，传统体育项目主要是为满足个人的身心愉悦，而非与他人的竞争，并遵循和谐这一最终的追求，这显然为当代体育的发展提供了又一种思考。

　　在这个意义上，如何将传统体育项目更好地展示到世界面前，是传统体育直面奥林匹克运动，求得更好发展最重要的一面。只有将传统体育更好地展示在世界面前，才有可能使其他民族也来喜欢我们的传统体育项目，从而将宝贵的文化遗产变成全世界的共同财富。这应是我们面对奥林匹克运动强势冲击的最佳策略。

　　在文化全球化的过程中，一些民族的体育文化遗存正在离我们远去，但对于传统体育而言，这并不是洪水猛兽。在漫长的历史进程中，总会有一些不符合时代需要的文化被时代所淘汰。阿诺德·汤因比所归纳的 20 多种文明中，只有中国文明和希腊文明不间断地发展到今天，这绝不是偶然，而是历史发展的必然。所以，文化全球化的关键并不在于哪一种文化消失，而在于哪一种文化能更适应时代的需求。文化全球化的过程并不是某种文化一枝独秀和其他文化消亡的过程，而是各种文化更好融合的过程。

　　"世界文化即将进入一个崭新的阶段，这个阶段的核心任务将是在反思和沟通的基础上，建设一个多极的均衡互利、多元文化共生的全球化。"① 所以，未来的世界体育文化必然是奥林匹克运动与其他各民族体育文化互相交融的过程。随着发展中国家经济文化的进一步发展，西方中心主义无论在观念上还是在实质上都将慢慢地走进历史。体育文化也不例外，当奥林匹克运动走过光辉的顶点之后，其他民族的体育文化也将逐步发展壮大，逐渐找回自己在体育文化领域的地位。由此，我们可以预见，未来的

---

① 　乐黛云.建构另一个全球化 [N].中国教育报，2005-11-01.

世界体育必将是一个色彩斑斓的文化世界，各个民族的体育文化都有着属于自己的合理位置。中国的传统体育也必将在与奥林匹克运动和其他民族体育文化的冲突、交融中更加丰满、健硕。

第四节　武术的时代特征

一、军事武术：武术的萌芽与发展

由于文化的特殊性和田野资料的缺乏，武术的起源一直到现在都没有一个准确的说法，但其在中国的远古时期即已萌生应该是一个事实，这是由我们对现存的先秦时期的武术表述所确定的。《史记·律书》有云："夏桀、殷纣，手搏豺狼，足追四马，勇其微也。"同样，在《史记·殷本纪》中也说殷纣王"材力过人，勇格猛兽"。这些都表述了他们能与猛兽相搏斗，也表明他们已具有较为高超的格斗能力。《诗经·巧言》中描述一个人"无拳无勇"，《管子》记载了当时的国君要求推荐"有拳勇股肱之力，筋骨秀出于众者"。这直接说明具有"拳勇"者已成为国君和大众喜欢的对象，这些早期的文本记述给我们了解武术在远古时期的发展提供了证据，即中国武术的历史几乎可以同中国的文明史一样悠久。

上述的只是有关武术的一些简单的记忆，而进入春秋战国时期，则出现了一些有关武术具体的理论表述。据《吴越春秋》载，春秋时期，越王向越女请教剑术之道，越女说："妾生深林之中，长于无人之野，无道不习，不达诸侯，窃好击剑之道，诵之不休。"这里的"击剑之道"即指的是剑术的理论。对于越王具体的提问："其道如何？"越女说："其道甚微而易，其意甚幽而深。道有门户，亦有阴阳。开门闭户，阴衰阳兴。凡手战之道，内实精神，外示安仪。见之似好妇，夺之似惧虎。布形候气，与神俱往。杳之若日，偏如腾兔，追形逐影，光若仿佛，呼吸往来，不及法禁，纵横逆顺，直复不闻。"越女的这段话对剑术的基本原理进行了相当精到的总结。《庄子·说剑》则进一步提出了"夫为剑者，示之以虚，开之以利，后之以发，先之以至"的高深的剑术理论。这一理论不仅作为剑术理论的高度总结，更被视为武术技击理论的指针，成为今人也遵从的技击原理。《汉书·艺文志》"兵书"类的"兵技巧"中介绍了武术，共有 13 家、199 篇，其中除射法外还提到"手搏六篇""剑道三十八篇""蒲苴子戈法四篇"等。这些是我们今天通过文本资料所知道的最古老的武术著作，尽管现在都已亡佚，但可以看出早在汉代，拳术、剑术等武术技巧就已经用文字记载和留传。这些已经亡佚的武术著作也可以证明当时的人们已经开始对武术文化进行有意识的积累。

从以上的历史记载中我们可以看出早期武术发展中军事的重要性，在整个冷兵器时代，军事武术作为武术的重要特征。隋唐时代，中国文明臻于繁荣，出现了众多武艺高强的名将。隋末唐初的薛仁杲，"多力善骑射，军中号为万人敌"①。李晟，"性雄烈，有才，善骑射。年十八从军，身长六尺，勇敢绝伦。时河西节度使王忠嗣击吐蕃，有骁将乘城拒斗，颇伤士卒，忠嗣募军能射者射之。晟引弓一发而毙，……忠嗣厚赏之，因抚其背曰：此万人敌也"②。

唐王朝还经常组织各种骑射比赛，其中每年的三月三日上巳节和九月九日重阳节为固定的骑射日。与此同时，地方政府也非常重视骑射训练。《旧唐书》卷一三二《李抱真传》："有才力者免其租徭，给弓矢，令之曰：农之隙，则分曹角射；岁终，吾当会试。及期，按薄而征之，都试以示赏罚，复命之如初。比三年，则皆善射……遂雄视山东。是时，天下称昭义军步兵冠诸军。"魏博节度使田弘正（兴）也"尝于军中角射，一军莫及"。

明代的武艺有两种：一种是军事实战中用的技艺，另一种是江湖艺人杂耍的花架子。抗倭名将戚继光特别强调要学真艺，反对学花架子。为使士兵练好武艺，戚继光告诉士兵："凡武艺，不是答应官府的公事，是你来当兵，防身立功，杀贼救命，本身上贴骨的勾当。"以提高士兵习练武艺的自觉性，戚继光还在军中实行定期考核，进步受奖，屡无进步则要受罚。

军事武术贯穿于整个中国古代社会，近代之后，随着火器在战争中的大量运用，军事武术开始逐步衰落，但在军事训练中还常常用于士兵个人素质的提高。

二、从搏杀到竞技：武术的现代化之果

正如金耀基先生所说的那样："中国现代化基本上是中国之社会的变革。"③ 所以，武术的现代特征演变与中国社会的变革息息相关。时代与文化背景的不同，对武术文

---

① 出自刘昫等撰的《旧唐书》第 2 册。
② 出自刘昫等撰的《旧唐书人物全传》。
③ 金耀基. 中国文明的现代转型 [M]. 广州：广东人民出版社，2016.03.

化的发展走向形成了不同的影响，也影响着武术在现代的发展路径的选择。从历史的维度来看，武术竞技作为一种社会文化现象，必然要受到历史文化传统的制约。尽管先秦时期武术竞技已初具规模，但此后并未顺利结出中国古代的武术竞技运动之果。中国传统文化的核心儒、道二家思想与武术竞技所倡导的竞争观念格格不入。儒家主张等级伦理，反对公平竞争；崇尚中庸之道，排斥社会竞争；讲究孝道，珍爱身体，反对激烈对抗。这些观念制约了武术竞技的健康发展。当西方文明以洋枪火炮敲开国门，传统武术受到西方文化冲击的同时也开始接受西方体育的先进思想和先进制度，依据西方文化中的竞技体育思想发展传统武术的现代化。但在传统武术的现代化过程中，传统宗族思想下繁衍的"门派"对武术产生了一定的阻碍。武术现代化是伴随着西方体育文明的涌入而进行的。中西方体育文化的差异，使竞技化成为武术现代化的主导与核心。竞技的前提是民众的广泛参与和竞赛尺度的统一，而这恰恰是传统武术门派的不足之处。

事实上，武术在其长期发展过程中与外界一直有着广泛的交流。特别是近代以来，武术一直以一种开放的胸怀寻求自我的突破与改变，在与外界的持续交流中武术逐步对自身所负载的传统进行变革，以适应社会转型的需要，这种自我变革是武术现代化历程中不可或缺的步骤。在武术现代化改造的道路上，马良的《中华新武术》及"中央国术馆"的建立在武术向竞技发展进程中具有特殊地位，因为国术馆归属政府直接指导，由财政部拨给经费。"中央国术馆"和"国术国考"为之后武术竞技在赛事及制度层面的现代化改造开辟了新的道路。武术比赛的大量举行改变了传统武术中庙会献技、擂台比武、私人较量等传统武术比赛形式，由此确立了传统武术在现代体育运动中的地位，同时也不断完善武术比赛制度，扩大传统武术的社会影响力。至此，传统武术在真正意义上开始从搏杀术向现代体育运动转型。

中华人民共和国的成立给武术竞技化带来了春天。1953年在天津举行了首次全国民族形式体育表演及竞赛大会，武术作为主要表演内容，迈出了进入现代体育竞赛领域的第一步。随后于1954年组建了国家体委竞技指导科武术运动队。时隔两年，在北京举行的12省市武术表演赛上，依据5条40字的评分标准，首次采用打分的方法对运动员技术水平进行评判。1957年国家体委将武术列为正式竞赛项目，使武术竞技化发展有了质的突破。1958年中国武术协会邀请有关人员，仿照西方竞技体操的评分方法起草了第一部《武术竞赛规则》，并于 1959 年颁布实施，以此为标志，竞技武术正式诞生。

为适应武术运动的新形势和进一步推动运动技术水平的提高，国家体委组织有关专家，在查拳、华拳、炮拳、洪拳和花拳等拳种的基础上，创编了长拳类系列套路，并以新编长拳类拳械的技术标准为要求，制定了长拳类自选拳械的标准和规定。此后，又规范了太极拳和南拳，逐步形成了以长拳、太极拳、南拳为主体的武术竞赛体系。至此，在传统武术竞技化历程中诞生的现代竞技武术驶入了独立发展的轨道。

中国武术是套路、功法、格斗三位一体的文化系统。1979 年，随着中国武术热的再度兴起，国家体委按照竞技体育模式，开始在浙江省体委、北京体育学院和武汉体育学院进行武术对抗性项目散打的试点训练，并于同年 5 月在广西南宁举行的全国武术观摩交流大会上做了首次汇报表演。1989 年，散打被国家体委批准为正式比赛项目，并设"团体锦标赛"和"个人锦标赛"赛制。由此，武术散打进入正规的竞赛体系。从 2004 年至今，国家体育总局武术运动管理中心和中国武术协会先后主办了 19 届全国武术功力大赛，设立了单掌断砖、石锁上拳、对拧长杆、抛接沙袋、绳镖击靶、桩上徒搏等竞赛项目，并将传统武术功力分为克服重力组、击打能力组、灵敏能力组和其他能力组四组进行自选项目的表演。全国武术功力大赛的举办，使武术中一度被忽视的运动形式焕发出新的活力。

由此，在竞技武术套路全面发展的基础上，武术竞赛经历了由套路演练向格斗对抗和功力竞技的拓展，构建起套路、格斗、功法三位一体的竞技体系，完成了现代化进程中武术竞赛的基本建构。竞技武术的全面开展是我们对武术竞技运动不断探索的结果，也是武术的现代化之果。

三、健康：武术的社会归依

武术作为中华民族身体文化的结晶，其本身就与养生有着天然的联系。武术的气论与中国古代的导引养生一脉相承，只是发展路径不同造成其所追寻的目标和走向不同；儒家文化与道家文化都十分重视生命，在武术的理论表达中有很多关于健身与养生的内容；武术的修炼本身就是一种对生命个体能力的释放，习练者通过习练武术可以获得更高的生命质量；武术习练场所的选择以环境宜人作为标准，对习练者的健康可以起到重要的促进作用。由此，从传统社会走来的武术在其传统发展中一直与健康有着紧密的联系。但是，由于武术在传统社会中军事作用的突显和对技击技术的追求，武术的健康功能就被其技击功能所掩盖。但是，即便是在传统社会，武术的修炼者也在提高技艺的同时追求生命质量的提高。"详推用意终何在，延年益寿不老春。"直白地道出了武术的健康追求，指出了武术的核心价值与理念。

当代社会，竞争激烈，社会个体在就业、工作与生活的诸多压力下，长期处于亚健康甚至不健康状态，健康成为现代人对生活的不懈追求。基于这样的社会背景，社会大众对体育锻炼迸发出极大的热情，锻炼成为社会生活的主题。运动就会产生一定的损伤，长期锻炼有时会给锻炼人群带来更多的伤病，成为人们新的困扰。仔细考察这一现象产生的原因，与锻炼项目的选择有着重要的关系。我们所从事的大众体育运动项目，有的运动项目（如篮球、足球）对抗激烈，极易产生运动伤害；也有的运动项目虽然对抗并不激烈，但长期下来会产生慢性的运动损伤。由表及里，运动损伤的造成与西方体育运动竞争的本质形成对应的逻辑关系，锻炼产生的损伤对锻炼者身体造成了新的破坏，产生了新的心理阴影，使锻炼者对锻炼产生畏惧，从而陷入锻炼的怪圈。这一问题还需从文化的本源来解决，武术的和谐理念为我们提供了新的思考和路径。武术的和谐观首先就是人自身的和谐，通过习练武术使习练者享受习练过程，获得生理和心理的全面和谐，这对解答现代体育带给人们的困惑具有重要的意义。由此，武术健康功能开始在社会范围内得以突显，各个武术拳种的健身功效都得到全面开发。

在众多武术拳种中，太极拳的健身理论和实践开发最为成功。时至今日，全球范围内已有2亿人在习练太极拳，通过习练太极拳获得了健康，太极拳已经成为世界人民的健康新宠。中国有着悠久的武术传统，从中提取更多有益于健康的练习方法和健身理念，既是对中华传统文化的有益挖掘，也是对世界人民健康事业的巨大贡献。基于现代社会的变迁和生活理念的转变，武术的健康功能超越其他社会功能成为主导性的社会功能，一方面体现出武术社会功能的多元化，另一方面体现出武术发展与社会发展的有效契合。

由此，传统的武术文化在现代社会找到发展最好的注脚，也为现代社会的健康发展提供了有力支持。武术社会化的实现成为武术当代转型的重要指征，武术的社会归依为其他传统文化的当代发展提供了新的思考。

四、现代化：传统武术的当代解构

传统武术作为一种文化的客观存在，首先是作为一种特定的生活方式并使其习练者显得与众不同的符号而存在的。"传统并不是中立的和客观的，不是某种等待引导人们去发现的东西，传统是文化建构的。在建构和重构的过程中，有些东西被包容进来，而另外的则被排除出去。"① 传统武术的传统也同样走过了这样一个建构和重构的过程。所以，讨论传统武术现代化就必须从其本体出发，探析其建构与重构的过程本身，而不是从经过繁杂建构的现代化之果出发。基于此，传统武术在现代社会的变迁既有其从适应社会出发的"被建构"的一面，也有其发展中的自我建构或者说主动性建构的一面。

现代化对传统武术而言，并不是一个可以选择的过程，而是在社会的变迁中必须进行的过程。事物的发展都有其两面性，发展不但意味着继承，也意味着舍弃。而现代社会的变迁更是让传统武术走上了一条前所未有的发展之路。由于社会变迁的迅速，传统武术的变革也就格外剧烈。竞技武术的产生可以说是传统武术发展的典型事例，正是由于社会发展要求传统武术主动向西方体育靠拢，才直接导致了竞技武术在现代中国的构建。同样，传统武术除去向西方体育靠拢的路径之外，也走上了一条自新之路。比如传统武术比赛的大量进行，传统武术套路的简单化并逐步探索走上可复制的文化工业化之路，都为传统武术的当代发展提供了具体的论述。

而且，传统武术的现代化程度和步伐并不等同。现代化步伐的不一致导致现代化进程中不同拳种和不同文化形式的生存状态和发展理念的差异，而其内在的运行机制、动态理论也就各有不同，客观上促进了传统武术"物种"的多样性，但也意味着某些拳种因对社会的不适应而造成"物种"的消失，从而影响传统武术整个生态系统的改变。

由于传统武术文化体系中包罗万象，每一个拳种或文化形式所受社会影响的程度自然也有所不同，这就要求我们在审视现代化进程时要区别对待，不能将其简单地作为一个整体来对待。在太极拳的现代发展过程中，我们可以清楚地看到这种区别，陈式、杨式的现代化程度显然比其他太极拳流派要更为快速，这不仅反映在技术的改变上，也反映在习练拳法的理念上。杨振铎先生在21世纪初即对太极拳的发展理念提出

---

① 阿雷恩·鲍尔德温，布莱恩·朗赫斯特，斯考特·麦克拉肯，迈尔斯·奥格伯恩，等．文化研究导论 [M]．修订版．北京：高等教育出版社，2004．

了三个层次的理念，即健康、美与技术。应当说，这一理念的提出不仅对太极拳发展具有指导性意义，对整个武术体系的发展理念也产生了很大的影响。

这一理念的产生与杨式太极拳的国际化程度较高、现代化进程较快显然有着密切的联系。具体到不同的拳种，所呈现出的现代化面相也各有不同。某些小拳种由于发展较缓，地域相对偏僻狭窄，社会化程度不高，其在现代化进程中就显得步履蹒跚，视现代化进程如同洪水猛兽，对舆论进行自我的更新。

除去技术，传统武术文化内涵的现代演变速度也有很大差异。现代价值体系的建立和个人价值的体现对武德及传统的师徒关系形成了巨大冲击。尤其是传统的师徒传承向现代的学校传承的转变更是对传统武术在现代的发展进程产生了难以估量的影响，并直接对现代化的结果产生了影响，传统武术发展中最被诟病的"传统"的消失更是与师徒传承的改变建立起了某种因果的逻辑联系。值得注意的是，这一进程在不同拳种中的表现也不尽相同：现代化发展较好的拳种已经在现代社会中建立了比较完整的发展体系，传播形式也更为多元化，传统的师徒关系被赋予了新的意义和价值；相对封闭的拳种则依然在如何"传"中陷入"长考"而不能自拔，这直接造成了现代社会体系下某些拳种的消失。当然，拳种的消失是一个复杂的过程，我们不能仅归结于此，但是，技术与文化的传播无法延续显然是其走向消亡的重要因素。

作为传统武术自 19 世纪初叶以来的发展主题，现代化是一条贯穿其近现代发展的主线。可以说，传统武术近现代的发展轨迹就是其现代化的发展历程。沧桑百年，伴随着中国的社会变迁，传统武术在历史的长河中艰难地进行着现代化探索。不同时代赋予了武术不同的时代内涵，不同时期武术扮演着不同的社会角色。传统武术在漫长的发展道路中其本质特征、技击思维、指导思想、肢体行为方式、发展模式等都深受中国传统文化的影响。传统武术作为中国传统文化之精髓，根据其自身的发展规律、时代发展的需求进行着自我的变革，而这种转变最直观的体现就是传统武术的现代化历程。历经百年的曲折探索，传统武术走过了一条艰辛备至但硕果累累的现代化之路。历史告诉我们，传统武术只有顺应现代化潮流，才能真正地在全球化时代巍然屹立于世界文化之林。这也正是我们探讨和研究传统武术现代化发展历程的根本所在。

第三章 传统体育文化特征

中华民族的传统体育文化是中华文化的重要组成部分。这种以形体活动为表现形式的文化，有着丰厚的民族文化底蕴，在文化的流变中成为一种有形的、外显的民族文化象征，它使民族文化活生生地展现在世人面前，增强着国人的体质，塑造着民族精神，为全球文化增添着绚丽的色彩。

第一节 传统体育文化的相对性

一、传统体育文化的相对性

就中国 56 个民族而言，各个民族都有自己传统的体育活动内容与方式。这些色彩斑斓、有区域特点的民族体育内容，使中华民族的体育文化有了生存价值和意义，并使中华民族的体育具备了与世界其他民族进行交流的可能性。更重要的是，具有民族性和普及性的传统体育是全民健身的有力手段。以武术为例，我国各民族体育活动内容中都有武术运动，但各个不同的区域，武术的内容、风格、特点均不相同，如南拳、北腿、东枪、西棍等。具体到不同民族，其武术形式又会发生一定民族趋向的变化。

区域传统体育文化在一定程度上也是为本民族的强盛而服务的，因为无论是过去还是未来，每个民族都十分清楚体质的强弱必然是决定一个民族兴衰至关重要的因素。区域传统体育不仅已有了广泛的群众基础，而且传统体育活动内容中多以娱乐为主，这是持久吸引国人的另一个重要因素。传统体育文化对提高国人体质的作用，主要是通过一系列适合于本民族体质特点、行为习惯的传统体育运动，增进着各民族人民的健康。而且，传统体育文化本身更能充分地得到本民族的认可，能唤醒民族意识，振奋民族精神，促进民族团结和稳定。通过区域传统体育与其他民族进行交流，可增进各民族间的友谊，加强团结，促进协作，有利于各民族文化交融，达到共同发展和提高的目的。

由于传统体育文化差异性的存在，传统体育在内容、形式等方面表现出一定的区域间差异。比如南方各民族体育大多以集体项目为主，北方民族的体育则是以个人为主；南方民族的体育活动多有生活情趣，北方民族的体育活动则是力量的较量；南方民族的祭祀仪式中多有体育内容，北方民族则将体育活动融于日常生活中。同时，其形成受经济因素制约的区域民族健身娱乐模式，会在很长时间内保持相对稳定的格局。正是由于传统体育存在着文化相对性，所以应该根据不同的民族、不同的文化，建立区域民族的健身模式。

体育是文化的组成部分，体育文化渗透于中华文化的各个层面，是一个从大文化中不断分离、独立的亚文化体系。同时，体育文化又受区域民族文化熏陶，因而带着明显的区域民族特征。绚丽多彩的民族文化极大地丰富了中华文化，使中华文化更具活力。

中华民族中的各少数民族大都能歌善舞、性情豪放，在他们的日常生活中体育活动是不可缺少的内容之一，构成了其生活方式的一个重要组成部分。传统体育的发展和繁荣与各民族的贡献密不可分。各民族都有自己独特的传统体育形式，表现出一定的区域优势。这一特征的形成与文化相对性有着相当密切的关系。

文化相对性是世界文化发展进程中的一个必然。对文化相对性的研究始于20世纪之初。美国人类学家弗朗兹·博厄斯等人开始以"历史特殊论"观点考察历史和人类文化，发现人类不同民族文化间存在着实实在在的差异。之后，露丝·本尼迪克特、列维·施特劳斯等学者也在不同地域文化中进一步证实了文化相对性的存在。从文化深层意义上说，不同的民族其价值标准存在着相对性，彼此之间有一定的差别，这是十分正常的事。比如长期居住在广阔地域，饮食结构以高蛋白为主的人群其生活方式便趋向于粗犷、豪爽型，这种价值取向决定了体育活动的行为方式；反之则是另一种结果。这又一次证明法国人类学家列维·布留尔的论断：各种不同文化实际上是不通约的。"不通约"在数学上是指并没有共同的量度，被借喻到文化上面是指并不存在一种共同的评判语言或价值标准。所以，对于体育而言，也同样要根据不同的民族实施不同的民族体育，而不能以"西化"或是"汉化"了的体育取而代之。

对于中华民族的各个民族，其文化背景都存在着各种因素差异，这一差异使区域民族体育表现出不同的地域特征，即区域传统体育的文化相对性。区域民族体育的文化相对性与民族体育所处的各个文化层面有千丝万缕的联系，与整体文化的发展也密切相关。

二、传统体育文化相对性成因

（一）区域政治因素

政治制度有国家制度，还有各个部门、领域的具体制度，它是文化发展的规范保障机制。

从历史角度看，中国少数民族的区域政治制度是多种多样的，可以概括为原始民主型、血缘纽带型、中央政府委任型等。原始民主型中较为典型的有基诺族长老制、瑶老制、石牌制和侗族、苗族、布依族、水族的"款"制等。血缘纽带型中典型的有黎族合亩制、景颇族山官制、凉山彝族家支制。中央政府委任型主要是政教合一制度、盟旗制度和土司制度。这些制度在特定的历史阶段对民族的发展发挥了巨大的作用。

民族自治使区域民族文化能够充分发展，使文化的各个组成部分也相应得到发展。在民族政策的鼓励和引导下，我国的民族体育在重视群众普及基础上，已经基本确定了四年一届的全国少数民族运动会的制度。这个运动会已成为民族体育普及与提高的"推进器"，使原本就能歌善舞、十分喜爱体育活动的少数民族有了充分表现自己民族文化特色的场所，由此增强了民族凝聚力，也为区域民族体育的进一步发展提供了良好的制度支持，从而促进、巩固了区域民族体育的大格局。

任何民族的形成，都首先表现出一定的政治结构，其最高层次即形成国家。中国古代多民族统一国家的形成和发展是中华民族整体性的重要特征之一。中国的辽阔疆域，是各个民族共同开发的。全国性的统一是以许多局部性的统一为前提的，因而不同层次的统一运动，都对创造中国的广大疆域做出了不可磨灭的贡献。从秦汉到清末，全国统一的时间占 2/3，大分裂和南北王朝对峙的时间占 1/3，各民族越来越统一是中国古代历史发展的主流和趋势。在统一和谐的文化氛围中，自由的交流、共同的发展才为可能。

（二）区域地理因素

中国地域辽阔，东西南北的自然地理差异较大。大体上可分为面向海洋四季分明的湿润东部和东南部，背靠亚欧大陆干旱的西部和西北部，东部是广大农业区，西部基本上是游牧区。从南北角度看，从南到北又明显划分为温度落差很大的气候带，即秦岭、淮河一线以南为亚热带，秦岭、淮河以北到秦长城以南为温暖带，秦长城以北为中温带。在这两大类型和三个发展带内，民族文化的不断汇聚、辐射、相互吸引和影响的过程，也就是中华民族共同文化的形成和发展的过程。

正是由于自然地理环境的影响，以至于长期以来形成了北方民族以农牧为业、南方民族以渔耕为生的格局。自然地理环境的制约使不同地区居民的生产工具逐渐分化，演变出适合于各自地理环境的有效工具。比如南方民族的船舟渔具，北方民族的牛马犁锄。怀特认为，生产工具在一定程度上决定着社会结构和人们的思想意识，"在其他因素保持不变时，文化发展程度与所用工具的效率成正比例变化"[①]。中国各个少数民族所处的环境不同，其生产工具的区别很大，从而使长期居住于此的民族生活方式逐渐发生"特化"，思维方式也出现差异。

由于地理因素的影响，长期居住于此的居民自然会受到地理人文环境的熏陶，逐渐表现出一定的地域性性格特点，不同人群性格对其所从事的体育活动内容也产生相应变化。可以看出南方大部分区域民族的体育活动是以群体力量完成的，这是因为南方人口密度较大，在日常生活中，人群的交往频繁，凡事多以集体的力量解决，由此人们适应并精于人际交往协调配合，"龙舟竞渡""抢花炮""舞狮"等集体体育活动内容得到发展。北方民族的体育活动内容则更多地表现为个体活动形成，比如"赛马""摔跤""射箭"等，这些内容与北方民族生活方式密切相关。北方民族常常以个人为生活中心，个人要负担一切，其性格随之向独立方向转化。由此，我们可以看出区域民族体育在一定程度上反映出一个地区民族文化的大体趋势，也看到地理因素对体育活动内容分化的强大作用。

生态学家阿利关于环境对物种影响的研究而得出的"阿利规律"即群聚有利于种群的最适增长和存活，群聚的程度像密度一样，随着种类和条件而变化，缺乏群聚而过疏或过密都会产生限制性影响。可以说地理环境的制约对人类生存的空间影响同样很大，人类如果不遵循这一规律就会危及自身的生存和生存质量，以坚韧不拔的毅力、聪颖的智慧，不断地向大自然进军。在同大自然进行较量的过程中，南方民族或是北方民族，都有各种自然难题需要克服。克服自然难题的过程就是形成生产、生活内容和形式的过程，体育活动自然也是在此过程中演变出与各自自然地理有关的特色，如南人善舟、北人善骑等。

（三）区域历史因素

中华民族经历了一个漫长的民族文化融合的历史过程，在形成中华民族之前，各

---

① 怀特. 文化的科学 [M]. 沈原，等，译. 济南：山东人民出版社，1988.

个民族都有自身发展的历史，都有自身的文化积淀。费孝通先生认为："它的源头是由于许许多多分散孤立存在的民族单位，经过接触、混杂、联合和融合，同时也有分裂和消亡，形成一个你来我去，我去你来，我中有你，你中有我，而又各具个性的多元一体。"①

人类文化本身就是历史的，即是有时间方向的、有序的、非线性的发展过程。民族体育随着民族文化的发展，也走过了一个从分散到独立的历史过程。由于民族文化的发展区域特点，民族体育文化自然表现出一种相对性。

北方民族中的蒙古族，始源于大约公元 7 世纪唐朝望建可（今额尔古纳河南岸）的一个部落，经历了长期的战事纷争，这个部落形成了五大对抗集团，彼此之间兵戎相见、战马驰骋，最后蒙古部落首领铁木真的力量发展壮大，统一了蒙古，1206 年建立了蒙古国。在此之后，蒙古国进行一系列的西征。这种历史背景无法不使其成为一个精骑善射的民族，历史的"刻刀"将其民族的历史深深地印刻在其民族体育活动内容中，因此，其民族体育项目必然与马匹、征战密切相关，"摔跤""赛马""马术"等运动项目都与其历史相关。生活在南方的苗族，远古时期生存在黄河流域以南、长江流域以北以及长江流域中部的广大地区，历经不断迁移，现大都居住在当时文化不甚发达地区，生活相对安逸。所以，其生活习惯、风俗中存在着更多的生活情调，使苗族的体育活动内容也充满着诗情画意。比如"爬花杆"就由一个动人的男女相爱传说故事演化而来。

中华民族各个民族的历史进程都沿着一定的轨迹向前发展，这一轨迹在与其他民族交融的过程中，不断地汲取其他民族的文化成分，使自身的文化更加完善。在上述我们列举的例子中就可发现，许多民族在成长、发育过程中总是伴随着不断地迁移，迁移过程实质上就是一个与其他民族交流的过程。比如现今常见的传统体育项目中"摔跤""射箭""赛马"大多来自强悍、游牧的西北地区民族体育文化。

无论各民族如何进行交流、交融，其自身的文化都始终保持一个自我发展方向，这就是黑格尔有关社会进程的胚胎渐成论观点。他认为："发展的真正意义在于，一开始就已存在了的东西慢慢成长、壮大，直到最后显现出来。"② 区域民族体育内容是在区域民族文化基础上成长起来的，它在一定程度上不会因为与其他民族的交流、交融

① 费孝通.费孝通民族研究文集[M].北京：民族出版社，1988.10.
② 黑格尔.逻辑学：下[M].杨一之，译.北京：商务印书馆，1976.

而轻易发生改变，而始终保持自身原有"胚胎"的特性和特点。因此，对于区域民族体育的发展和未来的规划必须以区域民族体育文化为基准，应注重发展区域民族体育，各种体育文化形式并举。

（四）区域宗教因素

宗教不仅是一种世界观和意识形态、一种社会历史现象，它也是包容性很大的文化现象。所以，宗教是文化的一个组成部分，它与文化的其他组成部分存在着密切联系。尤其是在人类社会早期、中期，宗教在一定程度上是人类文化的主要成分，由此分化、演变出许多其他文化形式。如今宗教仍然与其他文化之间进行着较为密切的相互影响、相互作用。由于不同民族信奉的宗教各异，因此，民族宗教对各个民族体育活动内容的影响也不尽相同，从而表现出一定的区域特征。

（五）区域价值因素

区域价值因素是一个区域民族共同认可的对事物评价、认识的内在标准和规范。它是文化因素中的一部分，指导着人们的具体行为，起着一种规范作用，也是构成一个民族文化模式的重要组成之一。

就北方少数民族中人口较少的达斡尔民族来说，他们在历史上没有哲学专著，更没有形成像汉族一样成熟、完善、系统的哲学思想体系，但是该民族共同认可一套文化规范。仅以人伦道德而言，他们是"以情为重、以义为先""尊老敬上、崇拜祖先""一夫一妻的氏族族外婚"。从表面看，这些内容并无独到之处，然而达斡尔人的文化使他们在这些方面做得十分突出，已经深深地渗透于民众的思想之中。在体育活动的"颈力"即以颈部力量拔河时，比赛方式比较激烈，却很少因比赛而发生冲突。比赛双方彼此十分友好和尊重对方，伴随这一运动的只有比赛的激烈场面和友好的气氛。对于曾经有过"贵壮贱老"社会习俗的民族来说，如今人们看到的社会风气则是"尊老敬上"。如在"赛马""射箭"等体育活动中，都要有德高望重的老人现场观战。而"一夫一妻的氏族族外婚"则十分符合人种优生科学原理，这使达斡尔族人的体质强悍。因此"波依阔"这种类似曲棍球的体育运动在该民族中广泛流传，有深厚的群众基础，由达斡尔族人组成的曲棍球队成为中国曲棍球理所当然的代表队。

一个有成熟、完善、系统文化体系的民族，会对其民众产生更大、更深远的影响。正如辜鸿铭先生所言："事实上，一种文明所产生的男人和女人——人的类型，正好显示出该文明的本质和个性，也即显示该文明的灵魂。"①区域价值对传统体育的影响结果恰是文明本质的表现。

（六）区域经济因素

中国古代各民族共同创造了统一的国家，也通过互助、和亲与结盟等许多方式发展了各民族间的亲近和彼此依存共生的关系。

我国目前客观上存在着东、中、西部三个区域经济发展差异的实际状况，国家在"七五计划"时对这三个经济带进行了划分，其依据是经济发展水平。目前这个局面不会一下子得到改变，延续时间可能较长。所以，对区域经济有依赖性的区域民族体育发展必定难以达到，对区域民族体育的地域性依然存在。在中央关于西部大开发政策的引导下，西部的发展必定会突飞猛进，民族体育的发展也将面临新的十分有利的机遇。全民健身工程需要经济的支持。其中一方面，只有广大民众生活收入提高，人们的消费结构发生良性改变、转化，才能更多地投身于体育生活。另一方面，全民健身场所需要的资金保证，不仅需要政府投资，全社会都有义务为自己的健康投资，少数民族地区大多处在经济发展滞后地区，这对区域传统体育发展是一个很大的制约因素，而且对经济依赖程度较高的运动内容限制更大。

但是从另一个角度看，民族体育活动并不完全受经济影响，传统体育内容更多的是以生产、生活为模版。与生产、生活联系密切的体育活动，对经济的依赖程度相对较低。如宁夏回族民众喜爱的"打铆球"等项目就对场地、器材要求不高，很适合于百姓操练；新疆维吾尔族、哈萨克族的"叼羊"都是日常生活的内容。但是，任何体育活动都在不断地发展完善，这一过程有其品位的提升，也有其规模的扩大，这是受经济制约而无法回避的问题。所以，对区域传统体育而言，目前继续开发利用现存的优秀内容和形式，保持一定的区域特征是唯一可行的方向。

区域传统体育文化的相对性是历史、社会发展的必然，文化的同化与分化是一个同步过程，一方面世界文化出现前所未有的大一统趋势，这使人类共同的文化成果能更容易地为全人类共同掌握，达到共同发展、共同进步的目的。另一方面则是由于同一文化过多地对各个民族文化产生影响的同时，民族心理状态出现逆转，表现为一种"文化反弹"现象，由此，民族文化得到极大的发展和进步。这种民族文化的发展使全球文化有了生机，为人类文化增添了色彩。

---

① 辜鸿铭．中国人的精神 [M]．孙永，译．长沙：湖南人民出版社，2022.

第二节 传统体育文化的民族性

一、传统体育文化的民族性

传统体育文化的民族性同相对性之间存在差异。民族性是一个民族文化区别于另一个民族文化的主要标志，是民族文化属性的范畴。相对性是指文化归属相同的形式下所表现出来的不同趋向和特征。

人类创造文化，文化陶冶和塑造人类本身。根据上一节的论述，我们有理由确信，在各种因素的影响、制约下，人类难以创造同一模式的文化。人类创造不同类型、不同模式的文化又将自己塑造成了各具不同文化特征的群众——民族。人们在不同的环境、条件、方式和途径下创造了文化，导致文化具有不同特点，这些特点充分体现在文化的物质和精神各个层面上，从而形成各自相对稳定的物质生产方式、生活方式、行为规范、社会组织、生活习惯、语言和思维方式、艺术形式、体育活动，以及价值观念等等。正是这些相对稳定的文化特点，才塑造了各有区别的民族，也就是所谓的民族性。

主要流行于各个不同的国家、地区，归属于不同文化的民族体育，不仅具备体育文化的一般特征的属性，同时更具有一些独具一格的特点，带有强烈的民族文化气息，内含强劲的民族意识。每一个地区或国家都有自己的传统体育内容，在相当程度上它能成为这些地区和国家的象征，如中国武术、美国篮球、巴西足球、日本柔道等。民族体育根植于民族文化土壤之中，受到不同民族文化的培育，表现出强烈的民族性。

因此，一个民族最根本的就在于经过历史的积淀，形成了自己独特的、独立的文化。这些相对稳定的而且具有特点的文化，升华为他们的思维方式，体现在本民族每个成员的实际生产、生活之中，融入他们的生活方式里，物化在他们所创造的物质产品和精神产品中。与此同时，这些具有特点的文化，还会以各种方式在这个民族中流传下去，世代相继地产生影响，从而形成本民族的文化传统。于是，文化特点和文化传统就成了区分民族的一个重要标志，构成民族性的重要内容。

传统体育文化是民族文化中的显现文化，它不仅是一种物质文化的表现形式，也是精神文化的表现形式。作为民族文化的显现文化内容，传统体育文化的外在形式最能明显地表现一个民族文化的特征。比如东方传统体育内容更多地注重修身养性，鲜明地表现出东方民族文化的"合一"特征。西方竞技运动则是将西方文化中的物理属性表现得淋漓尽致。同时，每一种传统的体育活动内容都长久流传，世世代代地为本民族成员所沿袭，是一种具有具体规范性质的文化内容，它主要表现在体育活动的规则和具体要求上，成为规范人们行为的一种有效手段，对人们的影响潜移默化且生动具体。人们可以通过这些具体的规范要求不断提高对文化的认同，在这方面传统体育文化又具备精神文化内涵属性，是文化传统的重要部分之一。

二、传统体育文化民族性属性

（一）传统体育文化的生产属性

通过组织结构分析，可以清楚地看出，文化作为一个系统，它包含着三个文化亚系统，即技术系统、社会系统和思想意识系统。

技术系统由物质、机械、物理和化学等手段，连同运用它们的技能共同构成。借助该系统人类与自然界完成了一定程度的沟通，满足人类对资源和财富的需要，沟通的程度随着技术系统的先进、完善程度而异。在人类社会发展早期，生产工具简陋，能够与自然产生关联的范围和深度十分有限。现今，人类拥有了高超的技术手段，前所未有地达到了人类认识自然、利用自然和改造自然的目的。

社会系统由表现于集体和个人行为规范中的人际关系组成，在这个系统中主要以亲缘、经济、伦理、政治、军事、教会、职业和娱乐等形式出现。在这一系统中充分表现出人类特有的属性和本质，即人的社会性。在社会发展的各个时期，社会系统也呈现不同的状态。人类社会发展早期，社会结构主要以血缘关系维系，家族、种族特征明显。随着社会进程的不断加快，原有的血缘关系开始发生改变，向着地缘、业缘方面发展。特别是近代社会，在城镇、都市，社会成员的人际关系更主要的是业缘，表现出社会结构的复杂性。

思想意识系统由音节清晰的语言及其他符号所表达的思想、信念和知识等构成，直观地表现为神话、神学、传说、文学、哲学、科学和常识等。思想意识系统是人们对自身经验的一种总结和解释，它随着对自然、对人类本身认识的不断深入而产生越来越全面和深刻的结论。思想意识系统的发展和进步在一定程度上代表着人类的能力，标志着利用自然和自身能量的可能性。在以血缘为主体的部落时期，人们对自然的认识可以说是十分有限的，那时所能产生的经验解释仅仅是对现实的表象描述。如今人们对自然的解释已经达到了初步揭示其本质的程度。

上述三个系统共同构成文化系统。在这三个亚系统中，技术系统起决定作用，因为只有技术革新，才能摆脱在自然的开发和利用时出现的种种技术制约。随着人类对自然能量需求的增加，人类在不断实践中逐渐地改进技术系统，使之更加完善，使人类利用自然更加有效，从而促进社会结构产生结构性的变化。比如交通技术、工具的革新，使原味的"安于井里"的山野村夫可以成为能"浪迹天涯"的都市居民；通信技术、工具的进步，使生活在不同地域的居民足不出户便能知晓天下大事。随之，人们的思想意识也发生根本性的改变，以往的价值观让位给新的价值观。就民族性而言，过去的狭隘民族主义逐渐被人类大同思想所取代，人类均被"注册"为地球村的村民。当然，这三个亚系统相互之间不是单向作用，而是相互影响、相互制约的。

传统体育文化的生产属性正是由于人类在创造体育文化过程中遵循文化发展的结构性规律，从生产实践中不断提炼体育成分，并逐渐从生产中剥离出体育活动，分支出具有独立性和完整性的体育文化。

传统体育文化在一定程度上是人类体育文化原始成分保留最多的一种形式，它最能反映体育文化的起源和发展的历程。比如起源于中国的传统武术，最初就是人们在与自然抗衡中，发现某些动作能够有效地致对手或野兽于死地，某种工具可以成为一种武器，用它能够在与自然、野兽、人的争斗中获得实效，因此不断总结、不断完善而发展成一种体育活动。假设在现今人类已经普遍使用火器的条件下，人们再总结归纳类似的方式或方法去与自然、野兽、人搏斗就显得十分幼稚、荒唐。由此说明，传统体育文化的产生和发展无法脱离技术系统的支持，必然受其影响而产生时代性的变化。

在民族地区，传统体育文化生产属性表现得更为充分。例如，马匹是某些民族地区生产的必备工具，离开了马匹，生产就无法进行。与人朝夕相处的马匹作为工具，为人们提供的力量是有限的，但人们仍难以超越它进行其他的生产活动，因而，由此演化出体育活动内容只能是马上运动。马上运动的日益发展，使自身特点更为突出，而且牢固成为民族传统，因此，升华为游牧民族体育文化的民族性。广西隆林的壮族青年喜爱的踩风车活动，就以其祖先使用的生产工具风车为体育活动的载体。这类例子很多，无不说明一个道理，即体育文化产生的重要源头为区域的生产属性，生产属性又是民族性的重要基础。

（二）传统体育文化的生活属性

人们总是生活在一个特定的环境中，这个生活环境对人来说产生着重大影响，人所创造环境中包含的内容由少至多、由简单到丰富，遵循着不断提高生活质量、提高生活品位的规律。

在人类社会的初期，生活内容主要是为了生存，大量的时间用于生产劳作。可以说，那时人们的生活就是"日出而作""日落而息"的状态，闲暇时间十分有限，生活质量十分低下，生活和生产基本上融为一体，难以区分两者的差异。恰恰在此阶段，体育得到萌发和发展，因为那时体育成分是人们生产和生活中最重要的组成部分，狩猎、游牧、耕作等生产活动，以及为庆祝收获、祈祷祭祀等生活内容总离不开体育的影子。体育活动成为人们生活中的核心，成为文化的主体。正如丹纳在《艺术哲学》中讲到的，"希腊人的全新的头脑没有念过书，没有抽象的概念，所有的思想都是形象，所有的字都唤起色彩鲜明的形体，练身场和田径场上的回忆。"① 就连希腊人的音乐也带有强烈的体育色彩，有一种音乐叫作多利阿调式，其特点是严肃、雄壮、高贵、朴素，甚至有些肃杀之气。孩子们从小就开始体能的锻炼，接受的艺术、舞蹈练习也充满着体育色彩。他们从 5 岁起学习的"毕利克"，就是一种由武装战士表演的哑剧，剧中主要模仿所有攻防动作，如攻击、招架、后退、跳跃、拉弓和掷枪等内容。在这种生活环境中，体育怎么能得不到萌发？又怎能得不到发展？

东方人的生活则是另一番情景，但其中体育成分也占据相当的比重。中国人在春秋战国时也是一个崇尚武力的民族，正如《左传》中言"国之大事，在祀与戎"，当时从事祭祀活动的巫师和从事军事活动的武士社会地位很高，由此形成了一种生活氛围，即武风的兴盛，这使民间生活出现了"四时讲武，三年大习"的社会时尚。人们的价值取向也发生相应改变，人们崇尚、敬仰武士和英雄，鄙视懦夫和胆小鬼。"那时，在战场上英勇战死的壮士，其遗孤和双亲每逢春秋两季都要享受特殊的礼遇，收到特殊的慰问品。"人们在战斗之余将剑术演练和剑的佩戴升华为一种身份和荣誉的象征，民间佩剑互相赠剑蔚然成风。这些景观仿佛使我们回到了那遥远的过去，亲身感受到那崇尚体育文化的灼人气息。然而，中国人最终还是比较信奉老子的"柔弱胜刚强"，因为老子说："天

---

① 丹纳. 艺术哲学 [M]. 傅雷，译. 南京：江苏凤凰文艺出版社，2017.

下莫柔弱于水，而攻坚强者莫之能胜，以其无以易之。弱之胜强，柔之胜刚，天下莫不知，莫能行。"① 中国人本身存在人种体能方面的柔弱，所以，人们倾向于修身养性的修炼活动，将行动于外的形体练习转化为心理的、静态的练习方式。中国社会风尚走向"文化"，这里的文化是相对于武文化而言的，具有弱化性质。这种生活方式更多流行在汉族聚居区，而其他民族则仍保持着强悍的武化思想，保留着武化生活。

生产技术的现代化，促进社会发展的日新月异，社会生活拥有了更充足的闲暇时间，闲暇生活内容也日益丰富。以前与生产劳动融为一体的体育活动和体育成分告别了昔日的"亲朋"，独自成为人们生活中的调味品。特别是社会高速发展使人类生活发生了质的飞跃，生产、生活方式的改变，面对前所未有的"文明病"困扰，人们忧心忡忡。这时，人们想起了体育活动对自己祖先的巨大帮助，逐渐醒悟人类不能遗弃属于自己生活的重要构件——体育。于是，人类开始寻找另一个自我，这个自我是与现代理性社会不十分合拍的非理性自我，但它却是人类不能失去的另一半自我。

首先在经济发达国家，人们开始在生活中有意无意地安排体育活动。从 20 世纪 50 年代开始，经济发达国家的体育娱乐市场和行业相继形成，并走向繁荣。以日本为例，其体育娱乐行业产值已达十大行业排行榜的第六位。德国在 1981 年用于体育运动的社会总时间约 106 亿小时，每人平均 300 小时，占业余时间的 10%。美国由于广泛开展体育活动，以及医疗保健措施的完善，使冠心病的发病率 20 世纪 70 年代比 20 世纪 40 年代下降了 8.7%，死亡率下降 7%。经济发达国家的体育人口也大都在 60% 左右，参加体育活动人群不仅限于老年人口，社会各阶层、各年龄段的人群都是体育人口的组成部分。体育热潮被誉为"健康革命"，在全球范围内开始蔓延。1931 年在苏联颁布了我们熟悉的《劳卫制》，1935 年在莫斯科举行了第一个体育节，体育口号是"全家奔向运动场"。法国于 1919 年由顾拜旦提出"一切体育为大众"，1984 年政府颁布《体育法》，1988 年开始组织全国性的体育节活动，人们普遍接受了"体育活动变健康所必需"，纷纷加入各种体育俱乐部锻炼身体，法国现有 16.5 万个体育俱乐部，会员 1400 万人。美国人均体育场地 14 平方米，每天有近 3000 万人下班后去健身中心锻炼。加拿大人在"积极地生活"引导下，经常"参加行动"的体育人群多达 51%。哥伦比亚的马路娱乐很有特色，每逢节假日约有 300 万人参加马路健身活动。新加坡人更多地参加多种形式的有氧运动，做"新加坡操"，目前，人们正在积极参与"健康生活运

---

① 出自《道德经》。

动"。澳大利亚的国民响应"找 30 分钟"的口号，每日进行 30 分钟的体育锻炼，为迎接奥林匹克运动会在本土举行，人们纷纷参加奥林匹克长跑活动。青年人则更多地要求接受传统体育教育。

将镜头对准民族地区，我们会发现，民族地区体育生活始终是其生活中的重要组成部分。因为民族体育的大多活动内容是以娱乐为主的，如今它融合了西方竞技体育的竞争性，使之两全其美，因此备受各民族人民的喜爱。同时，对民族体育的喜爱还由于宗教，以及强烈的民族意识和民族心理等因素作用。在我国实施全民健身计划纲要以来，民族体育如雨后春笋般得到了迅速的发展。近年来，国家和各省、区召开了各种形式的民族体育运动会，尤其是边远地区的居民，在各种喜庆的节假日都要以民族体育来为自己的生活增添气氛。人们经常可以看到农牧民们以一块毯子、一只羊、一匹马或是一峰骆驼等作为比赛的奖品，届时千里迢迢地赶来参赛。

社会发展使人们拥有了更多的闲暇，从而使闲暇得到极大的发展。现在，闲暇已经不仅是一个时间单位，而正在演化为一种文化。闲暇文化是生活的重要成分，其内容与人们的生活息息相关。体育在闲暇文化中占据着越来越重要的地位，不仅对人体的生理、心理产生积极影响，还能够巩固人的群体性，具有益群作用，这是其他生活内容所难以具备的特征。同时，体育生活需要闲暇时间做保证，它是人们在有闲暇并有闲钱的情况下，为提高生活质量必然需要的生活内容。民族地区的闲暇文化体育生活色彩更为浓厚，能歌善舞、豪爽豁达的民族性格促使体育生活成为闲暇文化中的主旋律。可以说明，生活属性是民族体育文化的重要源泉之一。

（三）传统体育文化的封闭属性

民族体育文化的发展有一种深厚地域封闭属性，这种属性在一些发展相对落后的国家或地区表现尤为突出。封闭属性源于客观的自然地理因素，在人类社会尚未出现先进的交通工具、通信工具的时候，人们与外界交流十分有限。跨越自然屏障对人而言是极其艰巨的，因此人们对探险者崇拜有加。哥伦布、达伽马、郑和和玄奘等揭示了许多人类尚未认识到的事物，揭示了许多人类急需了解的现象，而且他们所表现出来的开拓意识和精神、探索勇气和毅力是人类极为珍贵的品质。从某种角度来说，它反映了人对自然界的认识的渴望、人欲超越自然的意识，以及人类需要欲望的强大。由于没有条件和能力使人们实现这种愿望，才使人类历史走过了漫长的相对的封闭的时代。

文明古老的中国就是一个处于被四周自然屏障与世界分离的国度。在这样一个与世隔绝的国度里，人们认为这是人类得以生息的、唯一的一块土地，因而称之为天下，又以四周环海则唤之四海以内。华夏居中为"中国"，东西南北各地的民族为夷、戎、蛮、狄，这"五方之居"构成"四海"之内统的"天下"。人们在这样一个地理单元世世代代地繁衍生息，过着悠然的田园生活。这种现象不仅仅发生在中国，西方人也是通过《马可·波罗游记》才对东方文明有一定的了解。这说明在人类社会没有跨越自然地理制约之前，封闭性是普遍存在的。所以，文化的交流只能是局部的，民族体育文化同样不能达到广泛的交流，只有在区域范围内自我萌发，自我发展。

在自然地理条件制约下，人们对交流的意义理解局限，更注重的是本地区、本民族的文化，民族文化自我保护的意识很强烈。在这方面表现比较具体、形象的是中国长城文化。当时修建长城的目的是农业区的居民为了防止游牧居民对其自然资源的掠夺，发展至后来变成了民族间文化交流的人为障碍。西方国家的城堡也具有类似作用。城堡不仅是民族间的障碍，更是人为隔阂。可见，人们在当时的历史条件下对本民族文化的保护意识是很强的。在一个民族文化刚刚萌发或发展早期假如没有相对的封闭，民族文化难以形成其独特的风格、独立的体系。在封闭环境中，可以不断地自我发展，充实文化的底蕴，增强文化的能量，积累文化的实力。其实，民族文化的发展必然要经过一个时期的封闭式成长过程，也只有在一个相对封闭的环境中，备受民族文化熏陶后才能孕育浓郁的民族文化试探性气息。同时，民族文化只有在不断的成熟中才能蓄积"文化反弹""文化争雄"试探性需求的足够能量。中国现代武术套路推广工作步履维艰，究其根源是封闭内养时间不足，民族文化高科技质的锤炼还不到火候，尤其是颇具艺术体操味的现代武术套路更难被其他民族认可，世人反而对民族文化特质丰厚的太极拳喜爱有加，这充分说明了民族文化的发展必须要有民族特色。

在封闭的环境中，社会结构是以血缘为主体的，血缘维系的人际关系重点是敬祖，存着在强烈的"辈分"色彩。人们行事严格讲究辈分，因为在他们心目中权力是严格按照辈分高低排列的，祖先的资历越深，人们对他越恭敬，他在人们的想象中就具有更大的势力，而且他离人越远就越非人格化、官僚化。虽然祖先在他们的知识和能力方面存在着与后人无法相提并论的差异，然而他们毕竟是祖先。在这种形式下，人们的意识、行为都遵守辈分规律要求。该现象在现代一些不发达地区仍然存在，而且有相当的市场。这种机制使文化的发展受到影响，产生相应的局限，因为祖先在认识方面的局限，制约着人们思想的拓展，限制着人们的行为。民族体育文化在民族地区受到这种意识制约，使民族体育文化笼罩在浓厚的血缘气氛中，表现出强烈的地域、种族和民族色彩，使体育文化的内容和范围限定在一定的领域之中。例如在苗族流行的"拉鼓"原是苗族古代祭祀祖先的一项活动，在敬祖先的心态驱使下，这项活动发展至今已经成为一项重要的民族体育项目。

换一角度看，正是由于人们对祖先的敬重，为"伟人"作用的出色发挥奠定了基础，以至于民族文化发展得以顺利进行。即使在原始社会，人们也并不都是平等的，比起其他人来，有些人是优秀的，即使他并不是祖先，但他们有能力，有眼光。因此他们登上了相应的职位，掌有更多的权力，在更高的文化层面上拥有更高的才能，在他们那里涌现出新的工具、新的装备、新的法典、新的制度和新的生活方式。在一定地域、一定历史阶段，文化的进展仅仅是少数才华横溢的个人业绩之结果。民族体育文化同样是在某些具有体育天赋的伟人手中产生和推广的。当然，百姓绝非等闲之辈，他们在生产、生活中积累的大量体育文化素材为伟人创建某项体育运动奠定了基础，伟人在此的作用是集大成者。诸如中国的少林武术、西方的击剑。

社会行为的遗传性，在体育活动中表现明显。人类社会行为存在着一定的遗传性，即人们的社会意识和行为在相当程度上保持着与上一代人或前辈的相对一致。体育活动更具强烈的社会遗传性是因为人的体育特长行为是在长期磨炼中形成的。体育特长行为被内化为人的生理机能，在人体生理机能方面产生适应性的改变，这些生理机能在人的遗传基因中或多或少地占据一定的成分，为下一代做好了遗传的生理准备。一旦在体育特长人口之间相互结合，这种基因就会呈"阳性"反应，下一代便表现出体育的特长和能力。而且在人的社会心理上也留下了深刻的痕迹，在人的社会实践中产生一定的心理定向，引导人们的社会行为向特定的方面发展。社会行为遗传实质上是在一种社会环境的熏陶下，使人们在特定的环境中将某种技能有机会加以表现和发挥。一般而言，有体育特长的家庭，体育生活氛围比较浓厚，对下一代的影响是潜移默化的，这就使下一代在他们的生活行为方面表现出特定的方向。在一些民族地区，体育生活作为人们生活的主要部分，体育生活的社会氛围浓厚，自然对人们的体育生活产生积极的影响，形成所谓的社会遗传。前面论述过，中国的少数民族其民族性格多是能歌善舞，这在一定程度上为体育生活的社会遗传造就了相应的环境，而且体育又是民族地区居民生活中的重要组成部分，所以体育生活的社会遗传就由可能性变成了一种必然现象。在封闭的环境中，这种社会遗传的可能性被放大，表现得更为深刻、广泛。

文化发展进程同样强烈影响着地域文化的发展。一个地区、一个民族在自然地理方面具有相当大的制约时，他们与外界交流的可能性会降到最低限度。这时，不论是文化的技术系统，还是社会结构和思想意识系统，均会处于低速发展阶段，而且保持着相当的平稳性。在此阶段，文化发展进程难以与其他文化发展相提并论，因此，人们产生一种抵触、防御心态，唯恐自己的生活、自己的文化在与其他文化交流时被破坏和扼杀。在这种心态左右下，人们会十分慎重地选择交流。也正是在这种心态的影响下，人们会积极努力地发展自己的文化，加强自身文化的能量，对本地区、本民族的文化关怀备至，体贴有加。传统体育文化的民族性在很大程度上是由于其所处的地域偏远，文化、经济、政治等发展相对落后或滞后，所以，在区域性范围内得到极大的发展，成为独具特色的文化成分。

（四）传统体育文化的认同属性

在民族发展过程中，随着时代与社会的变迁、民族之间的融合，民族产生时具有的共同地域及血缘关系、文化等都可能发生不同的变化。在这些变化中，人们对于这一民族存在和发展态度就构成了民族认同。

民族认同中，首先是血缘认同。民族是一个人类共同体，对这一共同体中人们的相互关系的认同，是民族认同中的核心问题。这种认同划清了民族与民族之间的界限。民族同根是民族认同之源。因为在民族产生之初，人们是以血缘关系维系的，氏族不断地发展壮大，人们的血缘关系之树的树冠变得分支宏大，但对世族共同祖先之根的认同是永远不会改变的。在民族发展的过程中，潜在的血缘关系走向了模糊，而民族认同却日益加强，日益表露。在这个时候人们最直接的是用一种符号来标识自己的归属，如自称、图腾和禁忌等。传统体育文化在这方面表现为一种身体的符号，以区别于其他民族。如搏克是蒙古族的摔跤，且里西为维吾尔族式摔跤，格是彝族同胞摔跤的形式，北嘎则是藏族摔跤的形式等。从体育活动内容上看，同为摔跤，但起源的民族不同，所表现的形式各异，具有标识不同民族的符号作用。这种由自然血统而造就的文化认同符号更具有凝聚力，更容易使人识别不同的民族性。

其次是民族文化认同，一种文化体系以民族为载体，民族又以文化为聚合体。一种文化的产生、发展必然在一个民族的发展过程中产生和发展，同时该民族在自身文化的不断发展中逐渐壮大，这两方面是紧密相连的，也恰恰由于这种关系，民族认同的更高级表现形式就是民族文化认同。民族文化在一个相对封闭的民族生产、生活中逐渐产生独特的风格，成为一个民族的象征，一个民族的认同标志。如一个民族特有的节日、礼仪、宗教、生活习惯、建筑形式、服饰和风俗等均可使人识别不同的民族。人们对民族文化的认同实质上是人们对自我归属的心理活动表现。有了民族文化的认同，人们就会产生亲切感，人的高层次的需要得以满足。体育作为文化的重要组成部分，在民族文化认同方面不仅具有符号作用，更具有民族文化形象的意义。中国的武术就是有别于其他民族对战争进行技术性总结后演化成的体育项目。武术是将战争中的技术成分加以提炼，经过长期的中华民族文化熏陶，演化出一种既有技击意识、健身观赏性质又有东方哲理内涵的体育项目。它充分地表现出中华民族文化的独有特质。西方的拳击、击剑，至今仍然保持着原始的战争意味、战争成分，缺乏必要的理性文化意识。这就将不同的民族文化极大地体现出来，成为一种显现文化，人们对这些显现文化的感受不同，心理倾向便归属于特定的文化，因而产生不同的民族意识。

民族文化认同由人的认知水平决定。在认知水平较低的时期，民族文化认同具体而狭隘；认知水平提高后，人们对民族文化的认同才发生重大改变，产生大的民族文化观念。人对客观事物的认识是一个由浅入深的过程，在此过程中，人们的认识领域也在不断拓展。人的认知发展规律性造成了人的价值观念、思维方式的不同。在人类社会初期，人们的认知水平有限，人的价值观念和思维方式体系更多地依托于血缘内部的认识，随着社会的发展和人的认知水准的提高，其价值观念、思维方式向着地缘、业缘方面转移。在这一阶段，民族文化的认同已经从开始的个人认同向着群体认同的方向转移。群体的认同具有更全面、客观、合理的成分，并且逐渐形成一个群体认同体系，它对个人而言是一种有效的民族文化认同的参照物。个人的认知会跟随群体的认同发生变化，尤其是在文化融合的情况下，个人的认同趋向基本与群体保持一致。当民族融合发展至国家形态时，政体的认同趋向又成为人们认同的指南。国家作为整个民族的利益代表，它的认同大局上是整个民族意识和利益的表现，因此，这时个人的、群体的认同又保持着与政体认同的一致。同时，民族文化认同一经形成，就会成为稳定的要素积淀于一个民族意识之中。民族体育文化的认同同样表现出这种趋势。例如新疆柯尔克孜族是一个以畜牧业为主的民族，自古以来该民族就生活在马背上，骑马已成为该民族成员必备的技能，孩子出生后父母就要把他放在马背上走一段路，象征他将来要成为一名善骑勇士。这种个人认同是以家庭为单位开始的，对个人从小进行本民族生活习俗的认可。传统体育活动"叼羊"可谓是群体认同的一种表现形式，这种活动是每逢节日、乔迁、丰收和婚嫁等都要举行的。叼羊活动场面宏大，气氛热烈，骑手们分为两组，众人骑马追逐一只羊羔，经过激烈的追逐，骑术高明者抢到羊羔获得胜利。众人饮酒欢歌，翩翩起舞，为胜利者庆贺，为所有的骑手喝彩。与其说叼羊是柯尔克孜人喜爱的传统体育项目，不如说是该民族对本民族文化的认同仪式。中华人民共和国成立后，国家组织的民族运动为各个民族提供了展现本民族传统体育文化的舞台，也为各个民族在中华民族共同认同的基础上将本民族文化的认同融入民族大家庭之中，形成一个合力强大的中华民族认同体系。

文化认同对人的行为具有强大的影响力。因为文化认同的形成是在对一个文化全面、深刻地认知后而产生的，因此它构成了一个认同体系，其中包括文化组成的各个层面，并且在人的思想意识中占据主导地位。在这种情况下，具有了一定的文化认同，人的行为就会发生特定的变化。如人们在闲暇进行体育活动时，很自然地要采用其认同的传统体育项目。在有关民族地区的全民健身社会调查中明显地反映出这一特点，比如宁夏回族自治区长期流行于民间的健身内容很多，如今已形成规模，被其他民族同胞充分认可的回族传统体育健身内容有武术、木球、方棋和踏脚等。1984年起宁夏回族自治区体委专门组织了武术挖掘小组，对回族传统武术进行普查和整理，挖掘出16个拳种、20个练功方法，整理了独具回族特色的"四路拳""查密尔拳""八卦太极拳""鱼尾剑""回回十八肘""穆圣拳"等优秀武术健身套路。1982年首先由吴忠市马莲渠发起，后经不断整理、完善，使流行于宁夏百年的木球以现代体育的形式加入了体育健身的行列。1990年国家体委和民委向全国推荐，并将该项目列为第四届全国民运会正式比赛项目。宁夏回族自治区体委还对备受回族居民喜爱的方棋进行整理，制定了"方棋竞赛规则"，使其更具娱乐性、规范性和竞争性。对能够充分体现回族人民勇敢、顽强、憨厚、朴实的民族感情，展示回族人民剽悍、矫健、爽朗、豪放民族性格的"踏脚"，也随着全民族健身热潮掀起新的锻炼高潮。可见文化认同对传统体育文化的影响程度，以及对人行为的广泛渗透与支配。

第三节 传统体育文化的全球化

一、传统体育文化的全球化

传言人类为了达到相互交流而欲共修通天塔，然而社会发展进程制约了这一美好愿望的实现，但对此的追求却是人类永恒的主题。如今全球化已经是一个不争的事实，它影响着当今世界的各个层面，给人们的生活带来巨大的影响。实质上，全球化是一种不断变化的过程，是人类不断跨越空间障碍，跨越制度、文化等社会障碍，在全球范围内充分实现相互沟通以达到更多共识和共同行动的过程，是达到人类文明成果共享的过程。

人类对生命本质不懈追求的目标是充分地挖掘自身潜能，全面地发展自我，不断以此拓展和谐的生存和享受时空。体育运动是人类展现其本质力量的一个重要方面，所以，"更快、更高、更强"为全球体育竞赛的主旋律，传统体育处于伴音角色，这种全球化的体育文化构成了当今世界体育的大体格局。这种格局实质上是以西方体育文化为主体的全球化趋向。然而，西方体育文化缺乏"天人合一"等全面和谐发展文化存量，因此难以圆满完成人类对生命本质目标的追求，丰富、充实全球体育文化必须是全球体育文化的统一。

全球化进程的主要动力来自日新月异的技术革新、世界市场的扩大和各个国家对世界文化的渴求。技术的革新使地球成为日益"缩小"的地球村，使文化的传播克服了自然空间的阻碍，可以日益自由地流动。正如 L. 怀特先生对文化层面划分的那样，在文化系统中，技术层面的力量是最为强大的，是主要的推动力量。只有技术层面的发展，文化的其他层面才能得以发展。同样，由于技术层面的发展，体育文化才能借助现代传播媒介更广泛地向全世界各个角落传播，使身居不同地域的人群都能接触以西方体育为主体的、以"增强体质、意志和精神并使之全面发展的一种生活哲学"为宗旨的奥林匹克，受其影响，并逐渐地将其价值内化为自己的行为和意识。各民族的文化都是人类共同的财富，随着文化全球化进程的加快，世界文化市场为各个民族文化的展示提供了更多的机会和适宜的舞台。

全球文化的形成实质上是多元民族文化共同构建、相互融合的阶段性结果。这不仅从历史角度看全球的文化、文明存在着多元化，就目前世界格局看仍然有多元化的趋向。美国学者亨廷顿认为，未来世界文化形成西方、儒家、日本、伊斯兰、印度教、斯拉夫——东正教、拉丁美洲、非洲等几个主要文明的互动。在此基础上的全球化是一种多元统一的文化格局，减少了目前表现突出的一元化倾向，这样的全球化将会有效地避免单一文化的诸多弊端，发挥各优势并互补，使全球文明更进一步。

民族文化资源存量的增长是民族文化发展真正独立性的标志。一种民族文化只有当它是可发展的，才有生命力。只有当它增长的成果不仅可以影响一个国家、民族文化性格和精神世界的塑造，还给予社会的历史进程以巨大影响时，它才是有力量的，也才具有资源和遗产的意义。现今有部分民族体育文化资源历经文化的流变、积淀，已经具备了其相对的独立性，可以成为全球体育文化的构件。尽管，不同传统体育文化在结构上表现不一，但在本质上都是一种身体的文化，是一种作为主体的自我对作为客体的自身进行的修炼和提高，其目的是增强体质、娱乐身心。恰恰由于这种同质异构特性，体育文化交融成为一种完全的可能。体育文化的交融是体育文化发展的动力，全面深刻的交融是体育文化保持活力的前提。在不同地区发展不同的民族体育项目，使其保持原有的文化性格，具备相应的地域性，是体育文化持续发展的根本所在。有了传统体育文化的独立发展的基础，在文化共享的意识影响下，不断地将成熟项目推广，为全人类服务方能成为可能，实际上，传统体育文化已经成为奥林匹克运动的"基地"，它为其提供着源源不断的体育资源。如今奥林匹克运动项目数量与第一届现代奥林匹克运动会9大项43小项相比成倍增加，这是每次每个主办者都提供一些自己国家发展成熟的、被全球范围内一定数目国家和地区人们所认可的传统体育项目累积的结果。

以奥林匹克运动为主体的体育文化全球化趋势是在多元传统体育文化发展阶段性统一的基础上形成的。传统体育文化是体育文化全球化的根基，体育文化的全球化又为传统体育的发展提供了恰当的舞台，全球化的体育文化为生命本质的归复和人类的健康提供了极好的运行空间。体育文化的全球化与民族化是两个并行不悖的趋势，并相得益彰。

体育文化的全球化目前仍是以西方体育文化为龙头，各个传统体育文化的融入必具备与全球体育文化相一致、相近的属性和形式。体育文化全球化既然是一种趋势，说明其存在着诸多合理的成分，所以，纵观西方体育的特性，借鉴其有益成分有利于为发展传统体育服务。

二、西方体育文化的特点

（一）西方体育最大特点为规则明确、公平竞争、尺度客观和评价准确，因此，被誉为"物理体育"

西方体育运动使人感到强劲的竞争，诱发人勤奋进取。以不同技术、战术取胜对方，有效、合理地满足人的原始动力——攻击性的宣泄，同时也造就、强化了现代人的竞争意识。

人类的攻击性是社会前进的一种潜在动力，它可以使人们在一程度上摆脱道德、法律和习俗规范的制约，充分发挥人的才智，发挥人的本质力量。在这种酷似生物性本能的背后，人类在前进过程中已经赋予它许多新的含义，给予它合理的表现机会和途径。人的攻击性必须给予一定的宣泄途径，使之有所释放，这对社会的安定起着至关重要的作用。体育文化中所表现出来的竞争不仅是对人攻击性的文化提升，也是攻击性的一种宣泄。体育文化的竞争有诸多的形式，大体可以分为三类。一是直接攻击类。这类体育运动项目在西方体育中主要有拳击、击剑等项目，其目的就是使用各种有效的、规则允许的技术和战术直接击倒、击中对方而取得胜利。这类项目在经漫长岁月之后，其技术和战术仍然十分朴素。从这一点来说，我们可以断定攻击性特征就是战胜对方，如此特征在体育中淋漓尽致地表现出来。二是间接攻击类。这一类体育项目主要有各种球类项目和射击类项目。球类项目实际上是战场的对阵双方的"和平"演变形式，在这种形式中人们可以重温战争旧梦，过一把战争游戏的瘾。说它是间接的攻击类项目就是因为它将对人、对物的直接攻击演化成了以进攻得分多少来评定胜利的标准，表面上不能直接看出攻击性。射击类项目则是将攻击的对象特定为某种意义上是人的攻击性能力和意识的显现。同时，射击的距离，"相当"于给杀人者提供了一个有效的帘幕，遮蔽住"刺激情景"，使人类能够从容地游戏于曾经是射杀他人或动物的把戏中。三是智谋攻击类。国际象棋表现最突出，这类项目表面上丝毫没有攻击的成分和因素表露，然而，攻击性的本质隐含于内。这类项目是人类发展至文明社会后的一种攻击意识和行为的升华，人们和颜悦色、心平气和地面对面进行激烈的争斗，是智力、理性思维水准的较量。在一定程度上，这种较量是社会竞争的缩影。因为，文明社会已经步入合理、正当、公平的竞争阶段，正在消除血腥的、残酷的无序争斗，人的智力竞争已经取代了体能的角逐。但是，"理性只是提供一些手段，以便让决定的目标完成"。所以，这种升华了的竞争依然内含着人的攻击性。

这三类项目无论方式、方法怎样，都十分讲求规则严谨、衡量的准确、竞争的公平。这些特征与西方文化存在着必然的密切联系。

西方社会发展过程中，从非理性的文化向理性文化迈进，尤其是近现代某些有利于"物理"属性的文化价值、社会结构已经成为体系。这种体系的形成为理性的科学发展创造了条件，使"物理"属性成为西方文化的主要特征之一。这种体系主要体现在合理性、功利主义、普遍主义、个人主义和社会改善进步论等文化价值，以及高度专业化的劳动分工、开放的阶层体系和非集权主义的政治体制等社会结构两大方面。

（二）西方体育文化的群体性

西方体育最大的属性是群体性，几乎所有项目都在集体协作的情况下完成，由此极大地满足了人际交往的需要，为人们提供了一种有效交流的机会和条件，成全了人性归复。

人的生命里程是由一个生物人逐渐演化为一个社会人，这实质是人的社会化过程。社会化是指人接受社会文化的过程，人在过程中不断地适应社会生活，经由这一过程，社会文化得以积累和延续，社会结构得以维持和发展，人的个性得以形成和完善。美国社会学家帕森斯认为，角色学习构成社会化的全过程，"社会没有必要把人性陶冶得完全符合自己的要求，而只需使人们知道社会对不同的角色的具体要求就可以了"[①]。因为角色是社会地位的外在表现，是人们的一整套权利、义务的规范和行为模式，是人们对处在特定地位上的人的行为的期待，是社会群体或社会组织的基础。人的社会角色学习过程大体可以分为角色期待、角色领悟、角色扮演、角色矫正和角色定位等几个主要步骤。角色期待是指人在出生后的整个一生中，群体或社会对他的行为和各种具体阶段性要求。这是角色定位的前提，是角色学习的目标。而人的一生总是处于不同的角色期待之后，某一种角色的扮演成功后，便会产生新的角色期待，只有这样人才能不断地适应社会。成年之后，人的角色期待更加丰富多彩，这时，这些期待主

---

① 米尔斯，帕森斯.社会学与社会组织 [M].何维凌，黄晓京，译.杭州：浙江人民出版社，1986.

要来自群体或社会，人们的精力只能使其选定某一种或几种期待，当然这与人的需要、职业有直接的关系。

群体或社会对人的角色期待需要一种内在的感受和体验，达到角色领悟才能使角色的学习过程顺利进行，所以，角色的领悟成为十分重要的环节，是角色学习的内因。角色领悟首先受到的是年龄制约，不同的年龄阶段对社会期待会有不同的认识。比如少儿参加体育活动的主动力是娱乐，他们更多地认为体育活动会给人带来愉悦心情；中老年人则对体育活动的健身价值有较强的感受，由此会促使他们将体育生活牢固地纳入自己的生活方式之中。另外，角色领悟还受到知识结构的制约，不同文化程度的人对角色领悟迥然不同，一般而言文化程度越高，认识越全面、深刻，越会对角色学习产生积极的影响。同时角色领悟本身也产生"扩散"作用，使人的其他角色领悟快捷、全面。

角色扮演是人在社会生活中，按照各种抽象、具体的规范要求进行社会生活的过程。该过程的实施在角色期待和角色领悟的基础上进行，在前两者的引导下人们在实践中扮演自己所充当的角色。在此期间，角色的扮演受到生活环境的重大影响。俗话说："近朱者赤，近墨者黑。"生活环境在相当程度上会对角色期待产生改变，人也会对自己应扮演的角色领悟产生变化。在一般情况下，人们在角色期待正确、强劲的引导下都会沿着正确的轨道前进。例如，体育世家的子女在父母的殷切期待下，在家庭体育氛围的熏陶下，即使存在各种不利于子女体育爱好、行为的因素也会被抑制。当人们在角色的扮演过程中感受到该角色与自己爱好、兴趣、能力比较吻合时，他的角色扮演便会逐渐巩固。特别是当人的角色扮演产生一定社会影响时，他会将该角色扮演得更加出色。乔丹就是在篮球角色的扮演中逐渐走向辉煌的，阿里更是这样。在社会生活舞台上，人可能有机会站在前台，但大部分人则是在后台默默无闻地工作，但是社会对每个人的角色要求是一致的。所谓的前台和后台在社会生活中变得模糊不清，这一特点使人对角色扮演的认真程度得到极大提高，尤其是文化规范巨大的影响力是任何人都无法回避的。体育生活将社会、文化规范具体化，如各种运动、比赛的要求、规则，以及场地和器械均是一种社会文化规范的物化形式，人们在这种有形规范面前会自觉地遵循规范，并不断将其内化为自身的意识，不断地塑造自己的行为，使自己符合角色期待和要求。

在人的一生中，通过各种角色扮演，人们逐渐选择符合自己能力应扮演的角色，并通过角色矫正使角色向着最终的定位迈进。

在经历了人生的风风雨雨之后，人开始自己的角色定位。角色定位并非一劳永逸，它在角色矫正的"监督"下不断被调整，有时人的角色定位在人生终了时仍未选择准确，常常有人抱憾虚度此生。角色定位与社会发展、社会环境等因素有着十分密切的联系。如果在一个社会发展快速、社会环境开放融洽的状态中，人的角色选择机会增加，实施角色矫正的空间广阔，人最终的角色定位必定优于相反的环境。角色定位有时是被动的，它往往忽视人的知识和能力，所谓"埋没"是其中典型，不过只要人善于发掘潜力，便会"逆境"成才。主动的角色定位有利于人的发展，可使人充分发挥自身潜能，对社会做出重大贡献。体育角色的定位要在具备一般、专项身体素质的基础上，经过长期的磨炼逐渐形成，有些体育项目需要从小进行艰苦的训练，而且不是所有参加者都能在这项淘汰率极高的事业中得到认可，所以，体育角色定位是漫长而艰难的。

西方社会体育活动更多的是以群体形式出现，最根本原因是西方社会较东方更早进入了一种市民社会。

市民社会指社会的一个部分、一种群体形式，这部分社会具有自身的生命，与国家有明显区别，且大多具有相对于国家的自主性。同时，市民社会又存在于家庭、家族与地域的界域之外，但并未达到国家形态。市民社会有一特点，就是具有市民共同认同的一套与国家有别且维持有效联系的经济的、知识的、宗教的自主机构和制度，以及一套广泛传播的文明的或市民的风范。在这样一个社会中，人们可以获得更多自由与平等。市民社会是在群体广泛互动基础上逐步形成的，而且市民社会存在一整套人们共同认同的规范，决定着人际关系的群体性，因此，在社会生活方方面面强烈地体现着一种群体互动性。也恰恰是群体互动性的存在，不断地维持和加强着市民社会的生存，并不断使之发展。体育组织或团体，以及体育生活，实质上就是一个市民社会的表现形式。在这个形式中，有一整套认知体系、条件体系、行为体系和效绩体系，构成一种相对独立的生活系统。在这个生活系统中，人们的思想行为的互动是自由、平等、和谐的，人际关系达到了一种完美的程度。所以，在西方社会里体育文化更多地体现着群体特点。

（三）西方体育文化的娱乐特点

西方体育的最大魅力是娱乐，不同项目给人的愉悦之情各不相同。西方体育的运动过程总是处于一种结局未卜、需不断奋争、时刻把握机遇的过程之中，这一切给人带来无限的刺激，产生不尽的感受，愉悦也油然而生。

　　人类社会生活的需要经历着从生存、发展到享受几个阶段，然而每一个阶段均离不开对游戏的需求。人类喜欢游戏，并制定相应的游戏规则，游戏的形式很多，较高的表现形式是体育。体育运动源于游戏，又发展了游戏。正是由于这一特性，人们格外喜爱体育，体育生活是人们社会生活的一个重要构件，越是发展迅猛、国力发达的社会，体育生活的比重就越大。其中有一个重要的原因就是体育生活能还原人的本性，通过体育人们能得到种种人性本质力量的感受。

　　娱乐给人带来快乐，使人心理需要得到满足。心理需要是人的高级需要，它不仅建立在生理需要基础上，而且独立于生理需要自成"一家"。心理需要是人区别于动物的标志之一，因此，体育起源的源头总是离不开娱乐的影子。同时，娱乐又伴随着体育成长，并在体育成分中占据越来越大的"地盘"。无论是在非功利时代，还是在功利时代，娱乐总是以一种面貌出现，即服务于人，愉悦身心等，只不过其面貌有时质朴，有时"华贵"而已。

　　西方体育文化中的娱乐成分较多，其原因是多方面的。其中最为重要的是西方文化中有相当的内容比较积极乐观，较少悲观色彩，这种文化作为一种"高音"熏陶着人们的意识，影响着各种文化现象。而且西方文化中有一种享受生活的意识，它贯穿于人们的生活之中，支配着社会生活。享受生活是人在生存、发展之后的必然要求，假如没有享受的需求，社会和文化的发展便缺乏了足够的动力。以体育项目为例，高尔夫就是牧羊童在寂寞的漫漫放牧路途中，挥动牧羊鞭击打石子而玩出来的游戏，在人的享受动力作用下，人们开始对它进行专业改造，从而演化成一种华贵的体育项目。享受驱动着人们不断地发现、挖掘生活中的娱乐成分，并不断地将它们演化成体育项目。汽车出现之后，人们便很快地注意到了它，今天，汽车的运动形式可谓花样繁多。

　　娱乐，必须依托于某种载体，这种载体可以使娱乐变得外显或内隐。在不同的社会文化中，载体不同，娱乐的表现各异。西方体育文化载体是种外显型的载体，它将人的意识、思维统统表现出来，运动形式也是以动态为主，极少以静态形式出现，所以娱乐特征格外明显。而有西方体育载体的游戏成分较多，游戏与娱乐之间存在着高度联系，两者相互依赖、相互促进，愉快的情绪是游戏的原动力，能够保持游戏的持续。悲伤的情绪也作为游戏的一种动力，在游戏中人们将悲伤的情绪通过游戏逐渐地加以宣泄，使心情得以平复。人的认知和情绪的有机结合能够使游戏活跃起来，因为人的认知可以帮助人认识清楚游戏的性质和功能，使情绪稳定、积极。所以对游戏的活跃作用巨大。一旦人们对某些体育活动内容兴趣倍增，那么他们对游戏的情绪会极度的高涨，一旦参与者由兴趣转为爱好，特别是享乐的需求出现，那么游戏便成为他们生活中的重要组成部分。在体育文化载体娱乐因素的作用下，人的情绪受到良好的激励，使情绪向着积极的方向发展，这不仅是对智力因素的促进，更主要的是对非智力因素有良好作用。比如体育活动可以使人的情绪、性格和意志得到积极的发展，可使人对生活充满信心，并以乐观的态度对待人生。

西方体育文化的娱乐特征与上述西方体育群体性有直接的关系，因为娱乐更多地产生于群体的互动过程中。群体的互动产生的各种情绪变化非常大，有时难以让人琢磨，但正是由于这样的情景，才不断有新意产生，娱乐的情绪才能不断涌现。个体娱乐的范围和持久程度均远远不能与群体性的互动产生的娱乐相提并论。在群体性的互动中，人的情绪可以被其他人的情绪渲染，使自己的情绪被极大地调动，出现在个体状态下难以出现的情感体验。如足球比赛的盛大场面和激昂的人群，无论是运动员还是观众，都会被激发起极大的热情，没有人能够逃脱这张"网"。在体育活动中，与他人协作、对抗同样能够产生各种不同的情绪感受，出现各种主动和被动的情感体验，种种的情感体验都会对人产生影响，使体育活动得以维持或终止。一般而言，体育活动中娱乐成分占据主导地位，因此，体育活动没有被人们从自己的生活中剔除，反而日益成为不可或缺的生活形式。

从文化角度看，娱乐是人类文化的主要成分，只有娱乐可以使文化的发展走向辉煌，走向成功。体育活动的很多内容是从战争中演化、蜕变出来的，但体育将血腥的、残酷的战争内容转化为娱乐的手段，以文化的内涵、文明的方式加以利用，这充分说明人类对和平、娱乐的不懈追求。也只有在和平和娱乐的社会氛围中，文化、经济、教育和宗教等才能得到发展，社会才能进步。战争给人类带来的是痛苦和倒退，人们在和平时期，利用体育将人的攻击性告诫人们应记住战争的教训。体育游戏，以娱乐的方式提高人们对美好前途的憧憬，昭示人类文明的模式，展现人类社会进步趋势。

三、体育文化的文化势差

作为一种文化的代表，中国传统哲学以"天人合一"为先导，西方传统哲学以"主客两分"为主导，引发着一系列各具特色的文化特征，在这些特征之间存在差异，存在着文化势能的不同。

两种文化的势能与差异造成了文化之间的不平衡。在不同的文化之中，某种地域代表性的文化在某种文化方面具备强大的势能，对另一种文化而言是一种强势能的文化，依据势能从高势能向低势能渗透、扩散的原理，文化也存在这种趋势，往往是某种强大的文化对其他文化进行渗透、影响，直至控制等。几乎在所有情况下，文化"净流"的方向总是由强者流向弱者。中国的传统哲学在经历了漫长的磨炼之后，发现西方的"主客两分"的优点和优势所在，于是在明、清之际便开始了对中国传统哲学的转化，现在已经在一定程度上融合了西方哲学的确定性，使中国的哲学内涵中出现了两分式和主体性原则。与此同时，西方传统哲学也发现中国的传统哲学在人与自然的和谐关系方面能有效地解决人类面临的日益突显的难题，于是，后现代主义开始了"主客两分"、反主体性的非理性思潮。在体育方面，同样生动地表现出东、西方体育文化交流过程中相互学习、相互借鉴的特点，如中国传统体育借鉴西方"物理"属性的优点，逐渐地将模糊的体育活动规则化，从而使竞争成分日益增加，使娱乐因素不断凸现。西方体育文化近年来出现一种"绿色体育"，即摆脱严格规则限制，让参与者自由自在地纵情于体育活动之中，流连于自然之中。从这两个方面看，文化的势差促进着全球文化的发展。

文化势差因人类生产、技术不发达使交流难以进行的结果。在这一过程当中，借助一定的中介不断地向世界范围渗透的文化实质是文化帝国主义的一种表现形式。文化帝国主义实质是一种能量强大的文化广泛渗透，使接受方的生活方式出现趋同的过程。被动或主动地接受外来强势文化的影响，更多地取决于本土文化的能量，同时也应看到文化的渗透往往是在各种有利于人们物质生活的基础上逐渐引发的。

例如汤林森在其《文化帝国主义》开篇所列举的一张照片，是澳洲偏远的塔纳米，一个土著家庭席地观看电视。这种在以物质引诱为前提进而对其精神产生影响的文化渗透中，文化呈现一种单向的流动，这种流动使某种文化成为一种强音，回响在较大范围内，使世界文化趋向大同，形成文化全球化趋势，在这种环境下逐渐地渗透到不同的地域人群生活之中。文化帝国主义本身不可避免地带有霸权性质，霸权的威力使应有的公平交流原则受到冲击，霸权成为不利因素。但在体育文化全球化进程中，使具有竞争、互动和娱乐属性的体育文化更快地为更广泛的人群服务，霸权成了一种促进因素。在文化交流的过程中，自然产生势能高的一方向势能低的一方渗透，外加的霸权力量使原本的渗透更加快捷、全面。

随着社会进程的加速，人类克服了种种自然、人为的障碍，交流成为一种可能和必然。西方体育以竞技为优势，东方体育以修养为特长，各自存在独特的文化势能，体育文化顺着势差的能量进行着相互的交流，如西方的竞技体育涌入中国，中国的保健体育在西方成为人们生活中必不可少的内容。文化势差对文化的交流产生了积极的影响，充分利用势差能量可有效地帮助文化全面、深刻地交流，有利于人类文明成果为全人类服务。

四、中国传统体育文化与西方竞技体育文化的互补

体育文化的产生是一个长期孕育演变的过程，其发展更是一个长期积累、选择、变异、冲突、交融、定型的过程。由于体育文化是一个动态的社会存在，所以中国传统体育文化和西方竞技体育文化在相互交流的同时，势必会互相吸收融合其文化中的精粹部分，这就是文化的不自觉内在的统一。其表现在以下几个方面：

（一）对伦理道德观念的追求

由于市场经济的发展和对外开放的政治经济条件，中国经济政治文化出现了勃兴。在新的政治经济环境下，传统体育文化势必要注入新的血液，所以，西方的竞争观念，自我价值的彰显也成为中国传统体育文化的追求。西方一些知识分子也开始致力于东方体育文化精神的研究，试图从东方的处世之道和养生方法中寻求解脱。

（二）相互移植对方的优秀运动项目

如气功、武术、龙舟竞渡、踏青、放风筝、秋千等，开始向西方移植，冲破了西方竞技一统天下的局面。而篮球、足球、排球、乒乓球、田径等项目已深入中国各民族人民的心中，深受大家的喜爱。

（三）中国传统养生思想为西方所接受，西方竞争观念为东方所认可

中国传统体育文化的传统生命观、健康观和与此相适应的保健体育，蕴含着有关人体科学的丰富内容，如注重身心统一、内外协调、动静结合等许多辩证思想，对指导当今的人类保健活动，仍具有重要的意义。西方竞技体育所表现出的竞争观念和现代社会是相吻合的，正被中国传统体育所认可和接受。

五、两种体育文化对立统一的辩证认识

不同类型和模式的体育文化由于价值观念的不同会发生冲突，所以，体育文化的交流和传播不是畅通无阻的，不同性质的体育文化，冲突是不可避免的。中国传统体育文化与西方竞技体育文化的对立统一是客观的，它不仅会改变原来体育文化的性质，还会由于两者契合发展产生新的体育文化，带来体育文化的变迁。体育文化的冲突是区域性、时代性、民族性、阶级性、集团性等多种类型的综合，认识中国传统体育文化与西方竞技体育文化的对立统一就应自此入手，认识两者是政治、经济、地理等生存环境差异下的矛盾存在。这种矛盾存在体现了人类体育文化的丰富和世界体育文化的非成熟发展状态。对于两者的这种对立统一，我们应认识其是不同国度不同地域体育文化的对立统一，中国传统体育文化与西方竞技体育文化由于各层次发展水平不一，西方竞技体育文化会冲击中国传统体育文化，发生激烈而残酷的冲突。此时，我国传统体育文化必须做出全方位的调整才能适应与西方竞技体育文化的矛盾冲突。有效利用这两种体育文化的内在统一因素，寻找两者发展的最佳结合点，这将有利于消除或减少两者冲突所产生的负面因素，使其健康发展。

六、传统体育文化交流

文化交流具在恒长特性，它在任何时期都是悄然进行的。文化交流有多种形式，每种形式之间又是相互联系、相互补充的。上述文化帝国主义的交流形式总是出现在文化势差较大的情况下，表现得惊天动地。另一种文化交流是在人们心平气和的状态中默默地进行的，可谓是润物细无声。文化的交流有时表现出强烈的文化对抗和冲突，有时则是融合与协作。传统体育文化的交流在人类文化交流中始终处于领先地位，在当今社会中体育文化的交流无论采用何种形式，都受以下几个方面的影响。

（一）现代社会物质基础

现代社会以物质基础雄厚、物质水平高超为主要标志。人类曾经历了漫长的农业社会，在工业革命之后，才迅速步入信息社会。作为人类文明成果交流的必备条件——交通、通信设施日益成熟，已能满足人类交流之用。文化交流有了必备的物质基础后，交流的时空极大拓展，交流的层次也大幅度提高，文化成为一种信息在不同地域间通过便捷方法快速传播至全球的每个角落，使人们能够在不同地区同步呼吸某种文化的

气息。有人说过，南美洲亚马孙河流域热带雨林中的一只蝴蝶，偶尔扇动几下翅膀，两周后，可以引起美国得克萨斯州的一场龙卷风，这不是耸人听闻的论点，在信息时代蝴蝶效应就是如此。因为信息的传播有了高科技中介或载体的支持，信息的传递远非烽火时代所能比拟，而且信息在高科技的载体传播中具有高品质、高效率的特点，使信息不会轻易"衰减"。今天，奥林匹克运动会能够得到全人类的共享，是古希腊人和顾拜旦都难以想象的。

（二）现代社会意识

体育文化的交流不仅需要物质层面的支持，更离不开意识的支持。其实，意识是人类采取某种生活方式或实施某种行为的一个重要因素，因为内因是事物发展的决定因素，离开内因的驱动，任何外部的影响都不会产生相应的效果。现代社会人们的意识已经发生了巨大的变化，人们已经摒弃了狭隘的民族主义，对世界文化的认识达到了新的高度，认为各个不同民族文化均为人类共同的文明，理应供全人类共同享用。基于这种观点和意识，人类的文明成果在现代得到了极大的普及，人们的生活观念、行为准则都在不同程度上发生着变化，基本上形成了一种共同认可的尊重知识（包括各个民族的特有知识以及优秀的生活内容和形式）、尊重民族个性、走全球化可持续发展道路的价值意识体系。

在这种意识作用下，不同传统体育文化得以成为人们生活的组成部分。在中国各个少数民族地区，不同民族的传统体育活动内容都不同程度地被人们用于健身或竞技。从中西方体育文化交流情况看，西方的竞技体育从 20 世纪初开始传入中国，在新中国成立后得到迅速的发展，特别是改革开放以来，西方体育日益在人们生活中占据一定的位置。中国的民族传统武术已经在世界上 70 多个国家和地区建立了协会，拥有了大批会员，太极拳成为中国的象征，中式服饰也成为功夫的标志而备受各国人民的喜爱。这一现实充分折射出现代人的开放意识，体现着现代人的大同行为。

（三）体育文化动态符号论

体育文化之所以能够成为全人类共同认可的文化，主要因为体育是一种动态符号，这种动态符号很少有民族纠纷和隔阂，不易产生文化之间的对抗和冲突。因为体育动态符号中有相当部分内容是非符号性的成分，这些内容并非人类独有，如基本的跑、跳、投、攀等等，人类赋予它们文化意义，使之产生价值，成为一种人类独特的健康符号。体育成为人类共同的生理需求，它能有效地提高人类体质，促进人体健康存量的增加，使人的身心各个层面都得到发展，并为人类社会的进步奠定坚实的人力健康资本。这一切是历史的，更是自然的，是社会的，也是个体的。

"全部文化或文明都信赖于符号，正是使用符号的能力使文化得以产生，也正是对符号的运用使文化延续成为可能。"[①]体育文化是一种动态的体能符号，它能使不同人群直接理解其中的意义，达到有效交流的目的。动态体能符号是一种克服语言交流障碍的有效手段，它是一种较艺术更高形式的符号，因为体能符号是一种流动的、有机的表达方式，可得到直接的回应，产生长远的效应。文化流变均能在体能符号上留下印痕，使体能符号拥有丰厚的民族文化内涵，所以，体能符号的交流成为一种有价值的交流。同时，它还具备政治、经济等方面的功能，如中国曾成功地运用了乒乓球外交、各国举办奥运会获得巨大的经济效益等，这使体能符号更易成为全球文化的重要组成部分。

（四）体育文化的通约性

体育文化的动态符号特性决定着体育具有交流的可能，欲使这种可能性变成现实，必须要在通约性的前提下进行。体育文化的通约性是指体育作为一种主体的自我对客体自身修炼的提高，在这一过程中人类活动的各种基本身体技能均可互相沟通，共同使用。

根据这一特性，我们可以看出当体育运动本身即使不存在任何符号价值，即非符号行为时，它也能够为不同地域、不同文化的人群所感知，因为这些动作或行为是人类共同的本能行为之一。在人类给这些体育运动动作附加了符号意义后，它仍没有脱离本能动作，只是在具体动作中附加了价值含义，使之在文化意义上的色彩浓厚起来，人们对它的理解需要一定的知识层次或认识能力。即使某些体育动作符号价值、文化意义相当浓厚，由于它是动态的直观表现，人们仍然可以从形体的表现中逐渐推测其中的含义。中国的武术可谓是文化深而博大，但人们依然能够从套路的演练中发现中国古典哲学的表述。如果体育动态符号失去了这样一种功能，那么它就无法继续生存。因此，人们在赋予体育具体动作以符号意义时，总是建立在一种沟通基础上，将民族文化的陈述以相对直白的方式加以呈现。

换个角度讲，一种符号的理解越是需要时间和心智来破译，它越具有生命力。如达·芬奇、伽利略等人的绘画绝非一睹而知，它需要对作品产生的时代和作者本人的经历与观点有所认识后，方能逐渐领悟作品的意义，正是如此，人们对他们的绘画推

---

① 怀特. 文化的科学 [M]. 沈原，等，译. 济南：山东人民出版社，1988.

崇备至。无论如何，人们总是能够对这种所谓费解的文化内容达到理解和沟通的，特别是现代人所具备的全面知识和较高的文化素养为解决此类问题奠定了基础。文化素养和知识是人类文化通约性的"通用工具"，这种工具不仅能够破译各种文化语言，也能破译各种文化行为。不同传统体育文化虽然具有各异的、深刻的文化内涵，但在其背后总有历史文化的"背景材料"，这样人们就不难对它理解和领悟了。

七、体育文化的融合和发展

具备了上述基础，体育文化的融合才能成为现实。文化在现今的交流更多地以融合为本，也只有不断地交流、充分地融合才能为地域文化的发展提供动力和活力，才能使地域文化被全球文化认同。日本的柔道正是走了一条交流、融合之路，它从形式上采取了西方竞技体育的做法，但其核心内容却保留着深厚的民族风格。然而，各个民族都有自身丰富的文化内涵，可为全球文化提供无穷活力。如中国传统体育最为重要的一点是中国的传统体育文化蕴含着深刻的"天人合一"的哲学思想，这一思想是中国人民对人类文明的重大贡献，应更充分展现其积极效应，为人类的健康服务。"天人合一"与全球社会发展的终极目标——人的全面发展、人与自然全面和谐相一致。这一哲学思想在中国传统体育文化中表现得十分具体和明显，通过文化交流注重对具有优势的武术、保健气功的推广，是克服西方体育中极限运动对人体的伤害，使人身心健康发展的必行之路和必然趋势。

文化总是在相互接触过程中，将对方的优势吸收、协调、修正等，而后对产生的内容和形式进行重新组合，这一过程的进程要根据交流的文化形式而异。一般来讲，同质同构的文化交流相互整合速度很快，如中国各个民族的摔跤彼此之间有十分相似的内容，它们的交流就十分容易，特别能够引发各个民族相互之间的有效交流。同质异构的文化交流在范围和时间上出现一定的难度，需要人们花费一定的精力不断地研究对方的文化内涵，如武术在总体上讲是属于相同性质的文化，但东西南北各有特色，甚至存在较大差异，很好地了解和掌握它需要付出相当的努力。木球与篮球、手球之间也同样存在这样的关系，相互的借鉴和学习需要一定的时间和努力，异质异构是文化交流中最难达成融合的部分，不同的文化、各异的结构会给人们带来认知上的困难，而且常常容易引起民族情感的对立，人们在接触新的文化时总会迂回地与之交流，在感到不会对本民族文化构成威胁时才能大范围、正面地交流，同时对其中的内容会加以本民族化。体育文化的交流虽然外在表现没有或很少引发对立的成分，但交流过程中仍然遵循这种规律。如西方的贵族运动项目高尔夫、台球等传入中国后很快便演化成"平民"的活动。人们对这类文化交流的兴趣往往浓厚，因为作为一种新颖的文化不仅可以开拓人的视野，更能为本民族文化增添活力。"一个国家，一个民族"，它的文化体系越是整合不同的文化特质，那么，其文化体系就越丰富，越有生命力。而一个文化体系越丰富，越有生命力，它的整合能力就越强。无整合能力的文化，则是脆弱的，经不起历史挫折的。

人类社会发展首先要处理好人类中心主义和非人类中心主义这个基本问题，在未来的历史中，以人为本的发展模式要在处理好上述两者之间的协调关系基础上才能得到真正的协调和可持续发展。体育文化在人的协调发展方面具备其他领域难以实现的功能和作用，因而，体育文化必将是未来社会发展中最为引人注目的文化内容之一。体育文化要充分满足社会需求，必须在自身发展上有所作为、有所成就。传统体育文化可以充实体育文化，所以，在广泛交流的基础上，不断地整合不同传统体育文化完善本民族体育文化体系，充实本民族体育文化内涵，革新本民族体育文化形式，均为体育文化发展的目标。就中国武术而言，现代竞技套路形式可借鉴西方体育形式，应将其中的人为评价因素减低，不断增加客观评判成分，同时进一步突显"天人合一"思想，为全人类的和谐发展提供参照模式。中国借鉴的西方体育也应给国情和国民体质提供参照模式。中国借鉴的西方体育也应结合国情和国民体质实际，逐渐变革为本土化的体育形式，并将其竞争意识内化为人们的自觉行为。

发展必然建立在融合的基础之上，融合势必产生发展动力。体育文化具有开放的体系、活跃的特性，在社会发展过程中，体育必定成为全面展现人类文化的重要领域，成为人类文化交流的主要载体。

第四章 传统体育文化与美

第一节 传统体育美的产生机制及形成

传统体育在内质上趋向于艺术，一方面表现为自身内容和风格的高度艺术性，另一方面表现为和其他艺术的高度融合，这一切使传统体育美的内容更加丰富多彩，更加引人入胜。

一、传统体育美的产生机制

（一）传统体育美产生的物理价值因素

人类之所以具备这样而非别样的物理结构，归根到底是漫长的生物进化过程中客观自然选择的结果。但如果我们从审美本体角度讲，既然人类若干准审美快感所产生的原因只能从人的肌体物理结构去阐明，那么这种结构对准审美关系的制约性产生意义便是不可忽略的。譬如"对称"以及与"对称"相关联的"均衡"，几乎是所有形式不可缺少的结构因素，其原因在于人自身结构的对称性。如果说，欣赏对称的能力或需求只是自然赋予的，那么，客体对称的审美价值则是由于适应并满足人的这种能力或需求而获得的。格式塔心理学派用主客体的同构说来解释审美性质的根源和来由，指出一定的形式结构，是因为同构感应，引发人们特定的知觉情感，从而具有审美素质的。

（二）传统体育美产生的生理本能价值因素

所谓本能，无非是人类作为动物物种为保存个体生命和延续种属生命而产生的那些基本生物机能和生理需求。作为生物体，生存是人的最高目的，生命对于人是最珍贵的价值存在，人的一切生理活动、一切心理或社会活动都直接、间接地基于本能生存需要。从这个意义上讲，生命对人类来说既具有本原的审美价值，又是若干审美价值的组成，由此所原生和衍生出的审美价值因素自然是广泛存在的。例如，我国古代体育在实质上是对人体力量、技巧和健美的追求，这已成为华夏人生活理想的重要组成部分。中国古代吏部取人的标准是身（体貌丰伟）、言（言辞辩证）、书（书法遒美）、判（文理优长），将体貌丰伟放在首位。唐代造型艺术中的妇女都是体态丰盈、端庄秀美；男子则如赳赳武夫，体格强壮、风度翩翩，给人以健壮丰美之感。这些对生命的崇敬皆获得了本原性审美价值。

（三）传统体育美产生的生理潜能价值因素

在这里所说的"潜能"指存在于人类遗传生理结构中，不具有直接生理内驱力性质的潜在的生理需求或偏好感受能力。人类的这种先天好感倾向及感受能力并不一定被主体所感受，甚至终生未被"唤醒"，但它同样是一种客观存在，客体因适应这种潜能需求而获得的审美价值，即生理潜能审美价值。

具体来说，属于这种潜能审美价值的客体因素有色彩、图案及旋律等等。人类之所以对色彩、图案、旋律有天然的欣赏能力和喜爱倾向，几乎可以与因性选择形成的"第二特性"感应本能相媲美，是由于人类的祖先在动物物种进化过程中，把低等动物的这种本能生理机制遗传承接下来，变成一种潜能，一种与种族生存无直接关系的潜在机制。影响或制约人类或个体主体对潜能挖掘、表现或激起的因素有两个方面：一方面是人类文明科学进步的程度与个体文化的生存环境；另一方面则是主体包括"类"（人种）主体与个体生理及文明文化素质之差异。人类从自身潜能中所可能发掘出的感受能力几乎是无限的，这既造成了审美主体的巨大差异性，又造成了潜能审美价值的相对性与丰富性。

（四）传统体育美产生的似本能价值因素

所谓"似本能"需求，指在生物本能之上、有意识介入的某些源于但又超越生理生物水平的心理——动物（高等动物）需求，以及相应的类似本能的无条件心理反应机制。它主要包括人类的模仿习惯以及对刺激、游戏的需求等。

模仿作为对其本能的无条件反射行为的补充，目的就在于使机体较快地适应生存环境的要求，其生理或动物学的意义是很明显的。例如，传统体育运动中很多技能、技术的练习形式集中地表现在模仿劳动的各种游戏中；许多体育用品，如弓箭、标枪、石球、船等，直接就是劳动工具或武器；许多运动技能，如跑、跳、投掷、攀爬、游泳、划船、格斗等，直接就是生产和军事技术。体育的起源就是从大量的生产劳动和自然动作中分化、提炼出一些有助于发展身体技能和能力的动作或练习。关于"模仿"

的审美标准，既然模仿已演化为"似本能"需求，它显然没有某种绝对的"类"尺度了，但大体来说，近似的标准却仍然是有的，那就是"像"或形似或神似，像就是美，歪曲形象、走样则为丑。但需要指出的是，这一尺度仅仅适用于"似本能"模仿行为，包括某些对艺术模仿行为本身的评价，而不包含对模仿技能的评价，就如中国传统武术文化的表层结构所具有的鲜明节奏感：身体忽如兔走鹰飞，又如燕子抄水。讲求"动如涛、静如岳、行如风、站如松"，从其深层结构上讲，要求形神兼备，一招一式、一拳一脚都讲求动静结合、虚实相应，并且要求全神贯注，容神于形中、化形入神里。

二、传统体育美的形成

传统体育美是伴随着民族的形成、发展而产生的，它是各民族为劳作、为征服自然、维护自我生存、强化自我形象而不断创造的智慧的结晶。在人类的早期，各族先民为了猎取食物，从实用目的出发，打制各种石器，寻找合手的棍棒，以此来对付飞禽走兽，采撷木根花果，或奔跑，或跳跃，或投掷，或攀登，或爬越等，由此传统体育也就有了它最初的萌芽。在漫长的生活斗争和生产斗争实践中，人类对于自身力量逐渐有了一定的认识，于是那些擅长奔跑、投掷、攀登、搏斗的人就成了人们尊崇的对象，朦胧的体美意识也由此而生。在原始社会的中后期，采猎的食物有所剩余，先民中有了闲散人员——老人和小孩及闲暇时间，并开始有目的、有计划、有意识地传授劳动（采撷、狩猎）技术和健身本领，出现了最早的教育（主要是体育）。在这种教育（体育）中，充溢着对那些尊崇对象的审美评价，再现着前辈（老人）们幸福的回忆和原始的人伦关系，因此，教育美和体育美也就伴随着先民的教育活动而产生。

至于其形成方式（途径）则和其他美的形态近同，不外乎是劳动演化、模仿、自由表现或采取游戏、巫术等几种。像源于生产劳动、日常生活的民族体育形式，可以说是劳动方式的再现；源于军事的民族体育形式则多为对动物相争、人与自然相斗的形式的模仿；源于爱情自娱内容的民族体育可以说是族民闲暇时的游戏；源于观念意识的则是宗教仪式上巫术形式的转嫁。当然，每一种民族体育的形成，并不一定只基于某一历史内容或某些形式，它的美也不一定只表现在某一方面，而往往是多种审美观念、美感形式的有机组合，因而每一种体育事项又融合着多种丰富的内涵。就拿蒙古族的"那达慕"三项之一的摔跤来说，它模仿动物的扭斗，古时习用于部落间的军事战争和狩猎畜牧时征服动物的搏斗，在宗教仪式"祭敖包"上得以存留和发扬光大；同时，它又是蒙古族人民闲暇时游戏演示和性情发泄的方式之一。在这里，它展现了动物与动物、人与动物、人与人比武较勇时的意志美、力量美和技巧美，融合着进行时的程序美、环境美、紧张美、庄严美和进行后的轻松美、自由美、荣耀美等，体现了蒙古民族的智慧、力量、精神和品格，充分显示出体育美的多重复合性。

传统体育发源于民族历史生活的方方面面，各民族人民发明了传统体育，同时也创造了传统体育的美。它带着各民族特有的审美意识、审美标准、审美追求、审美愿望和审美情趣，注入世界体育之林。

三、传统体育美的特征

我国传统体育的特点，决定了它别具一格的美的特征，表现在以下方面：

（一）展美形式呈多样性

我国历届传统体育运动会上，参赛项目都很多。从宏观上看，其运动项目多，审美的内容和形式必然丰富多彩。在类型上，既有竞技性运动项目，也有表演性和娱乐性运动项目，其美的内容包含身体美、运动美、精神美等，其展美形式表现为体形美、姿态美、要素形式美、技战术美、表情美、语言美、行为美、服饰美、器械美和环境美等；从微观的角度看，大多数运动项目表现出丰富的美的内容和多种美的形式。这是近现代体育无可比拟的。如抛绣球是壮族人民比歌赛智的传统节日，"歌迁"是中青年人喜爱的传统体育活动，各地多在春暖花开或秋收季节举行。"歌迁"这一天人们搭起歌棚，在歌棚外面，青年男女身着节日服装，分站两边抛球。绣球是姑娘们亲手绣制的，有方有圆，有八角形、月牙形、鱼仔形、鸭仔形等，内装大米、黄豆、绿豆、沙子等，重200~500克，绣球外面用各种不同颜色的小块绸布缝制，绣上或画上花草、鸟兽、谷物等美丽的图案，上端有彩绳，底部缀有流苏。它象征着姑娘们的智慧和美貌，寄托着她们的理想和愿望。抛绣球的方法不尽相同，有的竖杆凿孔，竞赛时以抛出的绣球能穿过圆孔为胜，不中为负，而男女各为一方，每负一次被对方俘虏一人，直至一方无人，方为结束。同一个审美过程，其显美形式是多方面的：既体现身体美，又体现饰物美；既体现竞技美，又体现娱乐美；既体现运动素质美，又体现精神美；既体现风情美，又体现环境美。

（二）美感丰富呈复合性

我国传统体育反映人民对美好生活、崇高理想的追求，它与本民族的劳动生产、民间艺术、科学文化、道德风尚、风土人情乃至除暴安良、保家卫国紧密结合，所展现的特点的多重性、内容的丰富性、形式的多样性，决定了其美感的复合性。体育美感与民俗情趣交融，我国传统体育中有不少项目既是竞技、健身、娱乐的表现形式，又是青年男女自由恋爱的表达方式，从而使体育美感与民俗情趣在狂热中交融：苗族的八人秋，壮族的抛绣球，布依族的丢花包，哈尼族的打磨秋，哈萨克族的姑娘追，高山族的背篓球，柯尔克孜族的追姑娘、飞马拾银，塔吉克族的叼羊等均属此类体育项目。这些活动既洋溢着体育的竞技美，又体现了纯朴、忠贞的爱情美，也表现了其民俗情趣；既产生竞技的兴趣，又获得艺术美的欣赏。勤劳勇敢的民族，以其聪明才智，在生产劳动实践中创造了本民族的传统文化艺术，也创造了内容丰富多彩、形式灵活多样的传统体育，并使文艺与体育天然和谐地统一，形成了既有竞技魅力和艺术情趣的竞技性传统体育，又妙趣横生、万众喝彩的娱乐性体育，使竞技者、观赏者获得复合的美的享受。如满族运动员表演的二贵摔跤，一人模拟两人的摔跤动作，栩栩如生，赢得了大家的喜爱。美感呈持久性：传统体育自产生以来，都有着传统的延续、继承。许多优秀项目经过数百年、几千年的精选、提炼，世代传播，魅力无穷，深受群众的喜爱，其活动内容、方式对于本民族来说是公认的审美意识和审美情趣，男女老少均能参与，同享欢乐，长盛不衰，源久流长。富有创造美：我国民族在劳动中创造了体育，也创造了体育美，使生活体现出更高的文化性和审美的情趣性。传统体育项目中凝聚的劳动色彩越多，其创造性越强，如轮子秋、打扁担、骑射、射击、射箭、射弩、赛马、武术等项目均与生产劳动紧密联系。土族的大车，生产时搞运输，休息时横过来便成为传统体育运动——轮子秋，竞赛者在高速轮转后还能唱歌，才算胜利。又如转山活动，一来互相了解乡情、庄情、丰收情，二来把生产、民俗和体育有机地结合起来，丰富了体育的内涵及艺术色彩。这种创造性，不断地丰富体育的内涵，革除封建陋俗，充实新的内容，弘扬健身、健美价值，也体现了更快、更高、更强的奥运目标。

第二节　传统体育美的分类及效用价值

一、传统体育美的分类

传统体育是一种特殊的美，它的分类不能按一般美的分类来阐述，而必须按照传统体育的组成因素来进行讨论。传统体育由运动员（运动体）、运动器材、运动场所及运动环境（民俗）组成，所以我们也以此为基础，把传统体育美分为运动体美、运动美、精神美、人格美、社会美、环境美等几个方面。

（一）运动体美

运动体美是指运动员本身所具有的美感，其中包括身体美和朝气美两方面。参加传统体育的运动员，一般都是民族体质、文化的优秀代表，在他们身上，寄寓着一个民族在民族体质上的审美认可、审美标准和审美理想，体现着一个民族的精神面貌，因而，传统体育美首先表现在运动员的身体美上。运动员的身体美，是运动员肉体美、姿态美的综合。肉体美主要是肌肉和骨骼的健壮发达、柔软弹性、肤色健康所显现出来的内在机能的美，它体现着运动员坚持锻炼、常在户外活动接受阳光照射、发育正常等自我运动、自我塑造的本质力量；姿态美是运动员经过锻炼和正常发育而形成的匀称、和谐、曲线流畅、姿势优美的漂亮的体型，这是人体美的一个表现内容。还有一点是运动员身上所表现出来的朝气美（外在精神美），它是通过生机能力的充实所表现出来的机体旺盛美，是生命的美、活力的美、能动的美，它展现着一个民族在特定的生活环境中长期塑造的与自然环境相适应的面貌，反映出各个民族对于自我机能的尊重、爱护和培植。在传统体育运动会上，我们所看到的南方民族运动员的矮小精干、北方民族运动员的高大强悍，都是这种运动体美的直接体现。

（二）运动美

运动美是指运动员在传统体育中所表现出来的动作造型、技巧、韵律等方面的美。从大的方面来说，其包括活动美、技巧美、表现美三类。其中活动美又包括跳动美、力量美、速度美、节奏美、紧张轻松美、刚劲柔美等；技巧美含有变化美、安定美等；表现美主要指姿势美、造型美、动作结构美、情趣美。在丰富多彩的传统体育活动中，我们可以从朝鲜族的跳板比赛中看到惊险敏捷的动作，在蒙古族、朝鲜族等民族的摔跤中看到刚劲坚毅的力量，在赫哲族的撒网中看到恰到好处的准确，在蒙古族马术、朝鲜族跳板中看到优美动人的体态造型，在蒙古族赛骆驼、朝鲜族顶水罐竞走中看到那令人开怀的情趣。所有这些体育活动形式都从某一角度展现了传统体育各类运动美的内涵。人们在观看体育比赛或表演时，不仅能活跃情绪，一睹民族的创造成果，而且能获得一种美的享受。

（三）精神美

精神美是在传统体育运动中表现出来的态度、意志、行为和力量的内在美，是一个民族传统文化长期塑造的结果，体现着一个民族特有的风貌。精神美大体包括热心美、专注美、庄严美、执着美、积极美、努力美、坚毅美、不屈美、献身美、果断美、机敏美、独创美等，反映在传统体育中，就是各民族人民包括体育健儿对传统体育的炽热和热衷，在运动中的积极创新、机智勇敢。

（四）人格美

民族体育运动中的人格美，主要指从事民族体育运动有关人的思想品质、道德情操、行为态度、理想趣味等所体现的人的价值美。美的人格是人的心灵的真、善、美的结合，是心灵美见之于行为美的感性实体，是人在涉及或参与体育运动时的具体行为准则。人格美大体包括爱国主义人格美、勇敢顽强人格美、乐于奉献人格美、公平竞争人格美、文明礼貌人格美、遵纪守法人格美。

（五）社会美

传统体育中的社会美是指体育运动中人与人及人与集体之间那种社会关系的美。体育运动的参加者都不是单纯的自我娱乐，而是置身于整个体育活动中，且要与他人发生相互的联系，特别是一些集体运动，这种联系就更为突出。参与传统体育的代表首先是一个社会分子，他的一举一动都代表着一个民族的利益，因而他有责任和义务来承担或体现一个民族或民族部分集团的集体形象，在体育活动中表现出对一个民族或集团的责任美、献身美（行为美）和品德美。这在传统体育中，特别是在与其他民族竞技的传统体育中表现得极为优秀。当传统体育以集体形式进行表演或对抗比赛时，这种社会美就表现为集体的纪律美、合作美、统一美、协调美、牺牲美、竞争美和真善美、团结友爱美。一般来说，这些美也是举办体育运动会的宗旨，目的就是增进相互间的交往和了解，加强民族间的友爱和团结，促进民族的繁荣和强盛。

（六）环境美

在对环境进行审美的过程中，是注定要加入人的情绪的。同外国人不同，中国人在审视环境美时，特别注重主观情感审美活动的主导性作用，人们常常将情感与自然景物紧紧地联系起来，使自然景物人格化、情感化，所以自然万物也就具有人的思维、人的行为和人的喜怒哀乐等情感。传统体育较其他体育活动有一个更为突出的美的内容就是环境美。环境美是指体育运动以外体育辅助材料的美，它包括服饰美、器材美、场地美、景色美等，其主要表现为：①形象美。地质地貌景观、水体景观、天文气象景观、动植物景观等的美学第一要素都是形象美。按照我国对自然景观的审美观念，形象美分为雄伟美、秀丽美、险峻美、奇幻美、幽静美和旷达美等。②色彩美。色彩是物质的基本属性之一，色彩象征人的性格，能调动人的情绪，是生机的特征。无论是峡谷中有层次的绿色，还是夕阳周围的晚霞……种种奇观莫不以其斑斓色彩吸引游人，色彩使景色的纵深感加强，也可使静物产生动感。③形态美。大自然景观要素有外力因素和自身因素两种，外力因素使景观处于一种动态，而自身因素可以是动态的，也可以是静态的。一般来说，观赏近景宜于静，观赏中景与远景宜于动或动、静结合。④气味美。自然景观素以清新、淡香气味吸引游客，气味美中最典型、最普遍的是花香，而有些植物的茎、叶、果甚至毛都会发出香气。大自然中还有香河、香泉，少数动物也会发出独特的香味。此外，其他气味，甚至于特殊的臭味也会产生美感，吸引游人。⑤声音美。声音是大自然吸引人的又一因素，游人喜欢大自然，但也不是与尘世隔绝的，谁也不喜欢无声响的"死亡界域"。莺歌燕舞，百鸟啼鸣，春虫歌咏，秋虫吟唱，潺潺流水，林海松涛……这些天籁之声，既为其他体育文化客体增色，也是一种独特的体育文化资源。

　　此外与环境美相匹配的是当传统体育活动举办时，总有成千上万观众（多为族民）从几十里或几百里以外的居住地赶来，席地观看和学习，表现出一种强烈的热情美和专注美；而传统体育的活动举办，又往往与民族的节日或集会、宗教仪式、歌舞艺术、物资贸易等民俗活动相偕进行，是整个民俗活动的一部分，因而体现出民俗之美、仪式之美和民族社会之美。正是因为这些迷人的风情相伴随，传统体育才展现出一种与众不同的美；也正是传统体育的介入，才使得民族节日集会更加绚丽多彩，形成传统体育的一种美的社会环境。

二、传统体育美的效用价值

　　任何美的事物都有它特有的效用价值，否则美的意义也就无从说起。民族体育美是各民族人民在长期的生产斗争、生活斗争中总结创造出来的一种美的形态，它体现着一个民族的心理意愿、生活追求、价值取向和生存方式等，具有相当高的效用价值，特别是在一些生产方式落后、文化还不很发达的民族地区，它的效用价值就显得更为突出。

（一）娱乐鉴赏

民族体育首先是一种娱乐竞技活动，它以娱乐鉴赏为最主要的目的（古今亦然）。

它所表现出来的美，从根本上说是为了娱乐、为了让族民获得美的享受，而且效果也的确是这样。

（二）有利于提高民族素质

民族体育美从主观上说是为了娱乐鉴赏，在客观上却起到了对民族体质文化和精神文化进行刺激的效果。它的演示，对激发民族提高健康水平，加强劳动或生活技能的锻炼，开发思维和智力，丰富精神和情感，活跃文化生活，也即提高民族身体和文化素质，有着积极的推动作用。

（三）对他人或后代的培育

民族体育美虽然是一种无培训的自然传承，但它所体现出来的美，通过大众传播、相互间的耳濡目染，可以自觉不自觉地对观众和后人起到一种启蒙、教育作用。它通过美的形式，把美的思想、美的追求、美的意志、美的知识、美的技能等自然地传授给他人或后人，从而达到保存传统、培育后代的功用目的。

（四）社会价值

民族体育美有一个重要的组成部分是社会美，这种美的价值就在于加强民族的心理共同感，陶冶人们的情操，增进人们的道德修养和社交能力。它通过美的表演，向人们揭示出种种人生哲学和社会规律，诸如：只有根植于本民族的土壤才能有生命力，只有献身于社会才能体现出自我的价值；团结就是力量，步调一致才能取得胜利等等，从而感召人们向重礼仪、守秩序、持正义、勇献身、勤合作、力统一的方面发展，进一步增强各民族及民族之间的共振，达到民族内聚和族间团结的目的。

三、传统体育与自然美和谐共融

所谓自然，指的是作为自然科学研究的有机界和无机界，是作为人的感性所及的自然环境的自然。那么什么是自然的美？怎样的自然才是美的呢？18世纪法国唯物主义哲学家狄德罗这样说道："风景区当然是优美动人的。高山峻岭、古老的森林，或者广漠的废墟、浩土沙漠、气涛大海，必定有其引人入胜之处，它们使人产生无穷的遐想……看到悬崖峭壁中间呼啸奔腾、浪花飞溅的激流，能使我战栗……假若我看到碧绿的草原，青草细嫩柔软，看到灌溉着它的小溪，看到能给予我幽静、清新、隐秘的森林一角，我的心必然受到感动……假若突然一片雾气笼罩天空，愁云密布，满天昏灰，万籁俱寂，那就使我诗兴索然，无可留恋，我就会败兴而归。"[1]可见，自然之所以美，是因为它"动人""引人入胜"，相反则令人索然无味。不言而喻，自然美只存在于人与自然的关系之中，只有仔细聆听、回味那一首人与自然遥远而古老的曲子，才能探索出自然美的秘密。在人类社会的早期，在人与自然的关系中，人仍然是一种社会性和自然性的统一体，人的本质也同样包含着社会本质和自然本质两个部分，但那时和文明社会相反，人的自然性和自然本质处于主导地位，社会性和社会本质则是为自然性和自然本质的实现而服务的，也就是说，是围绕着当时人们的吃喝、栖身、安全、繁衍后代等自然性质的需求展开的，是围绕人类自身的生产和再生产而展开的。不过，人毕竟有别于其他动物，自人类诞生之时起，人和自然之间就有了实践关系和认识关系的萌芽，这株"幼芽"最初是那样的柔弱：实践活动具有"偶然"的性质，是动物习性的延续；认识活动的视野十分有限，受动物心理的影响。实践活动有了明确的目的性，成了一种"自觉"的活动，同时人们还开始对自然的特征和变化规律有所了解，从而调整自己的步骤和方法，这就是所谓的"自由"。于是，大自然不再是自在的大自然，不再是与人隔绝或对立、统治人的自然，而成了为我的自然、人化的自然，这就是所谓的"自然人化"，万物有灵的观念开始产生，自然的一切有了灵魂和生命，花儿笑了，石头会说话了，风儿会恼怒了，月亮能与人心沟通了，河流会唱歌了……纯粹的自然开始变成五彩缤纷的美丽世界。

（一）大山孕育的剽悍

"横看成岭侧成峰，远近高低各不同。"这是苏东坡对山形之美的绝妙描写。其实生活在高山之上的民族，不仅能看到神态气韵不同的山形，还能感受到大山所包蕴的理性：山是雄壮的、威严的、沉稳的、磅礴的，山又是坚硬的、悠远的。山地文化以其坚韧博大沉稳为主要特征，山地人民对待朋友如大山一样质朴，对待困难的意志如同岩石一样坚硬，他们的胸怀更像群山一样悠远广博，这便是山地文化特有的剽悍：集强硬、强悍、勇猛、质朴于一身的美。藏族是一个典型的山地民族，其聚居地海拔多在 3000 米以上，他们的文体活动多半雄健、灵活而且英武、勇猛。如藏族民间有三种比赛力气的拔河活动看了以后使人觉得惊心动魄：一是两人组相对而立，用绳子套在颈部进行拔河，叫"格吞"。二是把牛毛绳的两头结成套，套在二人的肩背部，侧向而立，互相对拉，叫"奔牛"。三是两人各自将绳套在颈部，从裆下拉过，背对背，各

---

[1]　狄德罗.哲学思想录[M].书琴，译.南昌：江西美术出版社，2019.03.

朝一方，双手可以扶地，模仿大象的动作，相互奔拉，叫作"大象拔河"。而且藏族的赛马已不只是比快，还有跑马捡哈达、跑马拔旗、飞马跳鞍、在马上做翻滚和后仰等动作，有的高手还将背上的叉子枪取下，在马颈下绕一圈，再用另一只手接过后举枪射击。奔马的风驰电掣和骑手所向无敌的敏捷、勇猛、剽悍，正是藏族英雄的本色所在，令人钦佩不已。在西藏，盛行一种人们非常喜爱的传统体育竞技——赛牦牛。牦牛性情粗野，感觉敏锐，受到惊吓，就昂首举尾急速奔跑，行动十分敏捷。它善于爬山涉险，踏水履冰，十分能吃苦耐劳，自古便有"高原之舟"的美名。牧民们在闲暇时，把它作为自己双腿的延伸，骑着它纵横驰骋。参赛的牦牛躯体庞大雄浑，遍体长毛被主人梳洗打扮过后，挂上五颜六色的鞍具，佩上鲜艳醒目的号码，在起跑线上整齐地排成一行。骑手们威风凛凛地昂首远望，好像眨眼间就跑完2000千米的全程。裁判一声令下，骑手们迅疾呐喊扬鞭，急驱牦牛奔驰而去，顿时，隆隆震撼的蹄声中又加入风暴般的呼啸声，更为紧张而激烈的比赛增添了气势和声威。

生活在高黎贡山支脉亚热带山区的景颇族人民所创造的山地文化，也体现了其独特的民族风格。景颇族的祭祀性舞蹈"金再再"和"刀舞"，十足地体现了这个山地民族强健、勇猛、坚忍不拔的阳刚之气。跳"金再再"时，参舞者多达百余人，其中有两个或四个裸身男子，身上用黑白二色分别绘上不同的纹饰，装扮成形同飞禽之类的雌雄两性动物。这两人（或四人）所跳的舞步与众不同，动作比较自由。据说，他们的任务是防守放哨，以防恶鬼混入。其余的人成队而舞，舞步整齐而有序，时而鸣枪，时而挥动长刀，时而高声呼叫，并伴以鼓点和锣声，声势威严，以此驱赶恶鬼，保护人类的清洁平安。刀舞是景颇族民间男子的舞蹈。长刀是景颇族男子形影不离的好伙伴，红毛线织成的长刀背带，再加上五彩缤纷的小绒球，把景颇的男子汉们衬托得英俊又威武。长刀不仅是人们防身和劳动的用具，还是他们心爱的装饰品。刀舞是在刀术的基础上形成的，人们赋予刀术劳动、战争、庆祝等社会生活内容，从而使刀术成为一种表现思想感情的舞蹈——刀舞。景颇族刀舞的跳法主要有三种：一是反映生产过程的。人们先在舞场中心交叉放上两把木制长刀，表演者随着音乐声翩翩起舞，双眼注视着地上的长刀，用多变的舞姿尽情地抒发景颇人民对长刀的深厚感情；表演者在舞蹈中双手伸向长刀，接着迅捷地抓起长刀起舞，他以展、收、快、慢的刀舞语汇，生动地展现了景颇人民砍、种、收的生产活动，表达了劳动的艰辛和收获的喜悦之情。二是反映战争格斗的刀舞，主要形式是单刀舞，也有双刀舞。表演者挥着刀龙腾虎跃，用刚健而有节奏的舞姿再现战时进攻、防守、白刃厮杀的激烈的战争场面。这类舞蹈造型优美，舞蹈中身体平衡，表现了景颇男子勇猛剽悍、不畏强暴的英武形象。三是欢庆节日的刀舞。这类舞蹈可由单人表演，也可由多人表演。舞刀时发出"哆、哆"的响声，象征着磨刀时发出的水响声，之后表演者便跳起磨刀舞。当刀子已被"磨"得锋利无比时，舞场开始沸腾起来，大家欢快地挥舞着长刀起舞，将节日的狂欢推向高潮。

（二）森林磨砺出的矫健

基诺族人民生活在原始森林深处，高山密林和出没不定的野兽，锻炼出了他们坚忍的意志和矫健的身手。他们的孩子从小就要接受民间歌舞的熏陶。儿童歌舞的队形多种多样，有的围成圆圈跳，有的排成两行跳，有的是勾脚单腿跳，有的则是手拉手跺脚跳等。舞姿天真烂漫，活泼大方，载歌载舞，一般都没有伴奏。丛林山地生活，使得基诺人民不只喜欢狩猎，并且酷爱歌舞。舞者意念与象征性动作形态结合，生活动作的提炼和逼真的模拟兼而有之，注重整体造型表现。动作幅度时大时小，表演手法时而逼真细腻、时而夸张洒脱，具有一种集粗犷深沉、自然豪放、灵活柔美于一身的艺术风格。舞蹈多以膝部关节富有韧性的上下屈伸、小踮配合着双手的摆动为主，形成摆肩和整个身段向上延伸起伏的动律，风格轻盈而舒展。舞蹈的伴奏多半是由舞蹈者各自拿着各种乐器如象脚鼓、镲等边舞边伴奏，而敲打象脚鼓的人是领舞，要负责改换套路和节奏的快慢；有的摆舞吹口琴作为伴奏，曲调流畅欢快，别有一番韵味。寓教于乐，以盛大的集体歌舞作为联系全民族团结的纽带，以矫健、多变、优美的舞蹈动作培养全民族良好的体能素质，传统体育文化最大的优势就是这样显示出来的。

（三）江河中冲击的无畏

许多民族居住在奔腾咆哮的大江大河边，江水陶冶出他们的大无畏精神，也锻炼出他们一身的水上功夫。自古以来，生活在江河之畔、湖泊四周的各族人民，是真正的"浪里白条""水上骄子"。常在水上开展的竞赛项目有独木划水、龙舟赛、划竹排比赛、游泳比赛等。划竹排比赛，盛行于云南布依族民间。三月三，是布依族的盛大节日。节日期间，孩子们带着小水车，背着煮熟的红鸡蛋，到河边玩水车，而青年男女则在水边举行划竹排比赛。一个个竹排冲开水花迅速冲向目标，激起阵阵加油声、欢呼声。最后，胜利者登上领奖台，获得异性青年万分的艳羡。竹排比赛结束后，意犹未尽的青年人、孩子又冲进水中，尽情地打水仗、游泳，也有的在岸边唱山歌、吹木叶、谈情说爱。慈爱的父母们则做好鸡鸭鱼肉等节日佳肴，送到河边，与孩子们一块美餐。水的浪漫之情、欢娱之情使布依人与大自然融为一体。

生活在西双版纳澜沧江畔的傣族人民，将水视为他们生命的一部分，水文化正是傣族文化显著的特征之一。他们崇敬水，更是游泳高手。自 20 世纪 60 年代起，传统的泼水节就增加了一个项目——渡江游泳比赛。参赛者有解放军战士、傣族男女和各界游泳好手。发令枪响，一个个方队即冲进滔滔江水之中，奋勇向彼岸挺进，两百米左右的距离，顷刻间便被水中勇士征服，观众中响起一阵炽热的欢呼声。

苍山洱海，是云南最美的"风花雪月"之地，生活在这里的白族人民，与水结下了不解之缘。早在 1000 多年前，洱海沿岸的白族人民，在农历八月初八举行"耍海会"，从农历七月二十三日开始，前后一个月内，一村接着一村活动，最热闹的是八月初八这天。这一天，洱海上白帆点点，岸上人山人海。附近很多村子参赛的龙船都装饰一新停在岸边。每只龙船的船舷上都绘有黄龙、黑龙或青龙图案，船的四周插许多彩旗，船中央站着一位头扎彩巾，手提铜锣的指挥者，船尾装饰的柳树前站立的是舵手，他的左右前方有两人身穿白褂，一人执牛尾蚊帚，一人摇扇子，同唱赛船调，祝愿家家风调雨顺、五谷丰登。等待中，一声炮响，龙船比赛开始。锣鼓声、唢呐声和观众的呐喊助威声响彻玉洱银苍。每只龙船上 10 名划手齐心奋桨，水花四溅，划手们在铜锣节奏的指挥下，一桨比一桨更有力，口中同时发出"汝期""汝期"（白语用力之意）的呐喊，只见条条龙舟追波逐浪，由东向西，直指海心 500 米处的终点标志。船到标志处，又迅速绕回，转头向岸边飞驰，首先到达岸边的，自然就是最后的胜利者。

（四）鲜花熏染出的浪漫

体育运动凭借它本身蕴含的竞技性、游戏性、艺术性，使其富有强烈的自娱和娱人功能，正如现代奥运会创始人、法国教育学家皮埃尔·德·顾拜旦在其《体育颂》中所说："啊！体育，你就是乐趣！想起你内心充满欢喜……你可使忧伤的人散心解闷，你可使快乐的人生活更加甜蜜！"[①] 人们在生产、生活的余暇时光进行体育运动，可适时调整人的心理状态，使人精神饱满、情绪愉快，尽情地展现自己的体能和运动才能，满足身心层面的各种需要，丰富人们的社会文化生活。人类这种对体育娱乐功能的需要构成了民族体育得以产生和发展的基本动力源泉。

有些民族所居住的地区大都是交通不发达的高原山区和偏僻河谷等人烟较为稀少

---

① 皮埃尔·德·顾拜旦．体育颂 [J]．北方音乐，2008（8）：1.

的地方。千百年来，他们各自生活在山川阻隔的环境中，与其他民族、外界的接触甚少。在此缓慢发展的自然纯朴的生态环境中，人类要生活，要劳动，也需要文化娱乐活动来满足人们生存、享受和发展的基本需求。而传统体育活动正是为适应人类社会这种身心需要而产生和发展起来的，并逐渐成为偏远地区民族人们生活中较主要的休闲娱乐方式，人们在欢快的活动中，享受民族体育文化的意趣，感觉人类生活的美好价值。相传远古时期，彝族始祖来到人烟稀少的地方，当时的先民还未发明任何的娱乐游戏方式，每当夜幕降临、万籁俱寂时，彝族始祖便因孤寂而哭泣。一天，他凄楚的哭声传至天上，感动了星神，星神就变成美女下凡来教他荡秋千，每荡至天亮，星女便告辞返回……这样彝族就学会了荡秋千。后来，为了纪念星神，人们就在每年阴历正月十五（昆明西山区谷律一带的黑彝）举行荡秋千祭星神的活动，并世世代代流传下来。彝族民间的传说，虽不足以去考证本族秋千的起源，却能说明先民们用秋千作为娱乐方式来驱逐寂寞、愉悦身心这一事实。如今彝族人民的秋千活动已逐步从自然崇拜的拘囿中走出，群众性自娱和娱人的色彩更为鲜明。青年男女在摇曳飘荡的秋千上尽情地抒发内心的欢悦之情，充分地展现自己的体能与运动技能，使人类身心的欢娱与民间的择偶情结完美地融合，把秋千场上的欢乐气氛推向高潮。彝族作为一个豪放、勇武的民族，特别喜爱摔跤运动。其摔跤活动往往也和民族的歌舞融合在一起，在石林彝族摔跤活动的竞技场上，小伙子是赤膊上场，摔跤前后，姑娘们要跳三弦舞助兴，热情奔放的歌舞活动把紧张激烈的摔跤竞技推向欢腾、热烈的高潮。

（五）登高凭临

登高远望是我国各民族人民观赏大自然的一种传统的习惯，深受历代人民所喜爱，并且经久不衰。人们游玩时必不可少地要登高，会友要登高，逢喜事要登高，过节要登高。登高可以借助高度的优势，将通常看不到的远方大范围内的整体景观尽收眼底，使内心获得极大的满足。

（六）攀岩山峰

攀岩活动中是把各种陡峭难攀的岩壁划分出不同难度的级别，20世纪80年代还出现了第8级的特别难度。目前，在攀登技术上有两种不同风格类型，一种是以苏联运动员为代表的力量型，另一种是以法国运动员为代表的技术型。世界上14座8000米以上的高峰，将近有2/3在中国，且大多处于我国民族聚居区，而每座山的顶峰都留下了各民族的脚印。如今攀岩已成为一种全世界的时尚运动，它也必将为我国民族地区带来一种新的开发观念。

（七）浩瀚沙漠

蓝天、白云、长河、绿洲、沙漠被大自然巧妙地融为一体。沙漠这个大自然的魔鬼，多少次的沙进人退……而今天，终于在这里被人类斩断了肆虐的魔爪，现在的沙坡头不光是人类战胜大自然的见证，更是人们感受神奇自然、休闲娱乐的好去处。沙漠是我国西北民族地区最博大的地貌景观。百米高的沙山悬若飞瀑，游人从沙山上滑下，犹如天降，而且身下的流沙经摩擦会发出钟鸣般的声响，震颤田野，人们称之为"沙坡鸣钟"。骑乘沙漠之舟——骆驼，穿行在起伏如同海浪的流动沙丘之间，会使人感到它的神秘、粗犷、奇异。同时，灼热沙疗地是内陆沙漠地区人民利用当地独特的地理气候治病的一项创造，用以治疗风湿性关节炎、慢性腰腿痛等疾病，是一种集热疗、磁疗、按摩于一体的综合理疗法。沙山，沙质非常松软，适合滑沙运动，乘上沙坡缆车至山顶，再坐滑板呼啸而下，根本不用担心安全问题，一旦出现人仰板翻的"事故"，最多是一头栽进沙滩里，啃一嘴沙子而已。正是它的安全性，很多人乐此不疲地连玩好几遍，体味着儿时溜溜板的乐趣。轻轻松松地骑上骆驼，开始向另一个目的地——大漠营地进发，驼铃声声，驼道蜿蜒，我们在沙漠中穿行；一路欢歌，一路嬉闹，卡丁车在沙道上狂奔。沙漠探险活动已成为中外游客的首选，拎一盏马灯，背上食品和帐篷，徒步进入沙漠腹地。沙坡头已经是人们休闲、娱乐、探险的好地方，具有极好的开发价值。

（八）草原游牧

有些民族主要以畜牧业生产为主，草原已成为这些传统体育资源孕生的基础。它以辽阔无垠、水草丰富的大草原为背景，配置有河谷、高峻的山地、纵横交错的峡谷、茂密的山林、奔腾不息的河流、星罗棋布的村落及帐篷等地理景观。春夏两季，是开展赛马、赛牦牛、马上射击、马上技艺、马球、叼羊、姑娘追等草原骑射类传统体育项目的最好场所。生活在北部丰美草原上的民族，逐水草而居，"毋城郭常耕之业""其俗，宽则随畜因射猎禽兽为业，急则习战以侵伐……贵壮健，贱老弱"，创造了以骑射为代表的游牧型体育文化。

（九）宗教寺庙

宗教寺院活动无不透露着传统体育健身的内涵。信仰伊斯兰教的穆斯林"念、礼、斋、课、朝"五功之一的"朝拜",具有积极的健身作用。"勤苦洁净,不染烟酒",讲究饮食卫生,注意沐浴和洗涤的良好生活习惯,是地道的伊斯兰教文化。拉卜楞寺、塔尔寺等每年举行的佛事活动,除寺院的宗教仪式,还有信教群众的"滚芒茶",俗称"跳观经",它由寺院中专修音乐舞蹈的神舞院主办,其节目有法王舞、马首金刚舞、摔跤、赛马、射箭、跳蹿子、打作若、挑作若等传统体育活动,内容丰富而热闹欢乐。

(十)江海渔猎类

以渔猎生活为主的民族,如百越族群,性格剽悍,人们习水便舟,开展了划船、浮水等多种水上活动。特殊的地理位置、浓郁的民族风情及源远流长的宗教文化赋予了传统体育资源独特的文化内涵,呈现了地域主体化、广泛性分布的特点,并且具备了自然资源、民族文化资源、人文地理资源与传统体育资源良好的配置结构,传统体育地理资源出现向经济性、娱乐性、探险性、健身性联合效应发展的趋势等,为进一步开发与利用奠定了物质和文化基础。源于青藏高原的黄河,经过青海多道峡谷奔腾而下流入甘肃,经过玛曲、九曲十八弯与多数支流汇合,百川汇聚,形成了黄河独有的风情,创造了西北的牛羊皮筏竞渡、游渡黄河、骑木划水、夹木过河、人牛泅渡等水上项目,反映出乡土气息的传统体育情怀。

总之,人类是永远也"征服"不了自然的,只有顺应自然规律,在与自然的和谐统一中创造人类文化,才是具有永久审美意味的文化。丰富多彩、各具风格的传统体育文化,凝聚了各族人民对人与自然关系的最本质、最深层的认识,这正是传统体育文化经历风吹雨打、历史变更却越加生机勃勃、美丽迷人的根本原因。

第五章 中国少数民族传统体育

第一节 少数民族体育的历程

一、源远流长的传统文化

少数民族体育的萌芽和艺术的萌芽一样，与劳动、军事、生活、娱乐有关。过去我们比较忽略它与原始宗教的密切联系。

人类学与史前学的研究结果表明，大概在欧洲和亚洲冰河期的晚期（距今32000年到12000年），人类学会了用符号来装饰工具、坟墓以及居住的房屋，也修饰自己的身体，许多身体活动的形象被描述和记录下来。这些艺术现象引来一种巫术论的解释。研究发现，许多少数民族原始的身体运动形式萌生于巫术，巫师的身体动作往往表现了最原始的身体文化。

世界上所有的原始民族都有巫术，而几乎所有的巫术活动都采用过歌舞形式。为了在战斗中取胜，巫术升级为大型武舞。《周礼·春官舞师》中记"教兵舞，帅而舞山川之祭祀"，《周礼·地官》谓"舞师掌教舞，凡野舞则皆教之"。巫师就是舞师，也是远古时期的"体育"教师。这些舞师司掌乡野庶民习舞之事，是潜体育形态后成为原始教育的主体活动。中国体育史上贯穿始终的两种活动——武术与养生，均经由巫术之门。"舞""武"二字，在古代是相通的，中国现代武术的成套动作即使不是直接从巫舞中来，至少也曾受过它潜移默化的影响。武术的精髓，源出于巫—舞—武。武术受益于武舞，它未能向拳击、摔跤等纯粹格斗术的方向发展，具有极强的表演性和艺术魅力。

巫术靠巫师去达到传播的目的。传播的形式包括身体活动。法术和巫术同是英文Magic的意译，而且行法术或巫术的人其名称也很多。依地而异，有的称巫觋，有的称禁厌师，有的称巫医，或者称萨满、僧侣，或者称术士，名称不一，性质全同。从现存与少数民族中较原始的身体活动情况看，巫师充当了"教练"的角色；他们是潜体育教师。如中国东北边境地区的赫哲族、鄂伦春族、鄂温克族等，这些半个世纪前还停留在原始社会末期的民族，族内由萨满传授的"萨满舞"，现在已成为欢聚时节的集体健身娱乐舞蹈。

巫术与游戏在人类原始欲求的诸因素中对少数民族体育起源的影响是举足轻重的。随着时代的进步，人们用科学意识来改造身体活动，促进了近现代体育的诞生。但是，根据人类学家泰勒的"遗存"理论，少数民族体育的萌芽会在传统文化中以顽强的方式流传下来。

体育的形式、内容及发展程度在世界各地表现出很大的差异，人们在体育实践活动中以及对它的认识过程表现出明显的不同，这必须考虑传统文化的影响。传统文化大多是以民族的形式发展起来的。民族在其产生、发展过程中所形成的民族语言、性格、精神面貌、风俗习惯、传统与道德、生活方式以及社会关系等，构成了传统文化的特征。文化不是抽象广泛的，传统文化很大程度上就是民族文化，民族体育是它的一种折射。

中国漫长的封建社会使国人身心羸弱。孔子曰"民可使由之，不可使知之"，老子亦云"常使民无知无欲"，各朝代的统治者以此为据，塑造民族性格，培养理想顺民。各种民族民间体育活动，虽有健身性、娱乐性，但竞技性却日渐衰微，以至于射箭变为投壶，蹴鞠化为踢毽，连以技击为目的的武术亦成为花拳绣腿。中国的传统体育活动重娱乐，重表演，重修身养性、防身保命，始终未脱离封建伦理的束缚，竞争意识被破灭，故大多自行消亡，不能发育成形而与现代竞技运动融为一体，足见传统观念对体育发展的负面影响。

中国古代盛行但近代已基本消亡的项目有击壤、投壶、蹴鞠、木射、捶丸……这些活动有一个共同之处，就是缺乏身体的直接冲撞性的进攻意识，缺乏激烈的强力对抗竞争。

即使是被视为中国古代体育"国粹"的武术，那带有神秘东方色彩、变幻莫测的"十八般武艺"，有一定的攻防技击的实用价值，有良好的健身作用，有引人入胜的动作造型，但是，它仍然缺乏公开透明的竞技性游戏规则。在封建文化的土壤中，它也难免显现扭曲的畸形。只有少数民族的传统体育，还保持着中华民族童年时的健康笑容。

传统文化的变革，对中国的民族体育而言，最需要的是引进现代体育的奋发和竞争观念，大力发扬竞技意识对于国民性格有改良作用。近代体育，不仅肩负着增强民族体质的重任，还以运动竞赛为核心深刻影响着社会风气，用竞争意识改变着传统观念，使人们积极向上，勇于进取，不循旧章，不满足现状，自信自强，敢于冒险和创新等。竞争意识已成为促进社会发展的激素。中国引进西方体育，是历史的必然。

二、西方近代体育的传入与民族体育的萎缩

西方体育是大机器工业的产物，这种生产方式带给人类社会的翻天覆地的巨变，是不可逆转的。产生于西方工业社会的经济形态是人类社会连续进步的一个举足轻重的环节，它倾泻到经济不发达地区，裹挟包括西方近代体育在内的西方文化而来，势不可当。因此，西方体育不可避免地成为当代体育的主流。它一旦形成并在世界各地广为流传，便表现出与各传统体育之间的种种差异，进而产生冲突、融合、共存等种种复杂的情况。

在古希腊最盛大的民族和宗教盛会——奥运会上，比赛项目最初只有短跑，后来增加了长跑、跳远、掷铁饼、投标枪、拳击、摔跤等。1896 年恢复奥运会至今，源自古希腊民族的田径和重竞技依旧是主调。英国的传统户外游戏活动，大都伴随着殖民扩张于 19 世纪传遍世界各地，并逐步被纳入奥运会，成为全人类共有的体育文化财富。20 世纪进入奥运会并在国际广泛流行的，仍然是欧美的体育。

传统体育具有鲜明的地域性、传承性，这使其在一代又一代自我完善中得以保存。产生于天然经济时代、成熟于自然经济时代的传统体育，在整体上只能适应这两种经济形态居主体的社会，其变异重组、扩充的自由度极小。而产生于西方工业社会的近代体育，适应不断发展的现代社会，能广泛流行。

从文化变迁的角度看，对大多数民族来说，当今世界流行的现代体育是一种外来文化，它是随着近代资本主义扩张而传遍世界的。客观上它无视其他民族文化包括民族体育的价值，并且无情地剥夺其生存的权利。一个世纪以来，中国的民族体育经历了巨大的震荡。在初始阶段，民族体育对西方体育是抗拒，是企图摆脱征服，20 世纪二三十年代引发的我国"土洋体育之争"就是如此。一些传统体育活动随着民族本身的衰落而衰亡，剩余部分也陷入艰难困境之中，它们在社会生活，尤其是在城市生活和教育中的影响急剧削弱——如近代中国消亡的许多民间传统体育项目的命运那样。

总之，由于逐渐失去了原来赖以存续的社会基础，又一时未能确定自己在新的社会生活中的地位，同时也由于西方文化对异文化的轻视态度，在西方殖民势力侵入的地区，传统体育普遍发生了生存危机。

第二次世界大战以后，大批殖民地半殖民地国家赢得了独立，并在发展民族经济和文化方面大有进步，人类学的文化平等观念正在为越来越多的人所接受。在世界文化中，各民族文化都有其存在、发展的权利和独特价值，于是西方文化中心论受到挑战。与此同时，传统体育也发生了某些重要的变化，找到了在新的社会生活结构中的位置。民族体育和世界主流体育之间正在形成一种新的关系。

西方体育毕竟代表着先进的文化，它的传播和扩张，势必影响当地的传统文化。奥林匹克是西方文化。在近代体育文化大规模传播和交流的很长一段时期，东方各国缺乏契机，只能被动地接受。20世纪上半叶，虽有民族体育卷土重来之势，如在民国时期的全国性运动会上也改善和添加了一些民族体育项目，但毕竟是昙花一现，未能根本扭转颓势。在东西方文明的激烈冲突中，千百年来占主导地位的汉族传统体育尚且仓皇而逃，少数民族传统体育更不值一提了。在封建专制和半封建半殖民地的条件下，中国少数民族传统体育很难登上大雅之堂，只在其民族内部默默地传承着自己丰富多彩的独特文化。

第二节　丰富多彩的中国少数民族传统体育

中国的55个少数民族，虽然约占全国人口的8%，但分布面积却占国土面积的一大半。他们世代相传的体育活动，渗透着本民族的历史、宗教信仰和文学艺术，反映出各具特色的经济生活和风俗习惯，是祖国文化宝库中的一串璀璨夺目的珍珠。让我们沿着祖国大地的东南西北，俯瞰一下那丰富多彩的少数民族传统体育吧。

一、东北

在北方辽阔的内蒙古大草原上，八月的草原，金风秋爽，牛羊肥壮，牧民们喜庆丰收的季节到了。这时候他们便开始酿制马奶酒，屠宰牛羊，缝制新衣，准备各种美味的食品，举办不同规模的传统体育活动——"那达慕"大会。"那达慕"是蒙古语娱乐、游艺的意思，这种传统的群众性集会多在夏秋之际举行，已经在北方草原上流行了几百年。"那达慕"起源于13世纪初，在蒙古族人民社会生活中占有重要位置。那时候，蒙古族的头领每当举行大"忽力勒台"（大聚会）时，除了制定法规、任免官员、进行奖惩外，还要举行规模较大的"那达慕"。当时，"那达慕"的主要活动就是进行射箭、摔跤、赛马比赛，故被称为"男儿三艺"。如今的"那达慕"已增加了物资交流、文艺演出等许多新内容，使这一传统的民族盛会更加喜庆、吉祥、欢乐。"那达慕"，一般进行5~7天。每逢此时，远近百里乃至几百里的牧民穿着崭新的民族服装，骑着马、赶着勒勒车从四面八方汇集而来。在绿茵草地上搭起毡帐，熬茶煮肉。整个草原炊烟袅袅，人欢马叫，一片欢腾。

粗犷古朴的蒙古族摔跤，具有浓郁的民族风格。比赛采用单淘汰制，无时间限制，也不受地区年龄和体重的限制，但失败者不允许再上场。赛前，按传统习俗一般须先推举一位德高望重的老者将参赛者编排配对，并担任裁判。参加比赛的摔跤手有时多达千余人，他们上身穿牛皮或帆布制成的紧身半袖背心，裸臂盖背，边沿镶着闪闪发亮的铜铆钉或银钉，后背多有圆形银镜或"吉祥"之类字样。腰系红蓝黄三色绸子做的"希力布格"（围裙），下身穿带有美丽的各种动物和花卉图案的肥大套裤，脚蹬潇洒的蒙古靴，颈上套五色绸穗制成的彩条"景嘎"，代表着获得过的名次，名次越多，彩条就越多。摔跤手形同古代武士。在激情昂扬的赞歌声中，他们挥动双臂，跳着狮子舞步或雄鹰舞步出场。这种摔跤舞在激战前跳，是一种很好的准备活动；结束时跳，则可以作为放松手段，同时也可稳定因胜利或失败而引起的情绪的剧烈波动。比赛不限时间，不许抱腿和跪腿摔，膝盖以上任何部位着地都算失败。为优胜者颁奖，多被誉为"赛音布和"（英雄摔跤手）。参赛双方均有歌手高唱挑战歌，三唱之后，双方摔跤手跳着舞步出场，不按身高和体重分级别，不受时间和场地的限制。比赛结束后，将根据名次向各位摔跤手颁奖，歌手们还要为摔跤手唱赞歌。

赛马是许多少数民族共有的传统项目，早在《史记》和《后汉书》上就有记载。然而，蒙古族的赛马在各族中规模最大、形式最多，距离也最长。赛马场上，彩旗飘飘，鼓角长鸣，热闹非凡。参赛人数可多可少，少则二三十人，多达百人。上至花甲老人，下至五六岁的儿童，皆可参加。以草原为赛场，赛程通常为50～60里，马匹多事先经过挑选调养和训练。蒙古族赛马有儿童短途赛、成年长途赛、成年短途赛、女子短途赛等多种活动，比赛开始，骑手们在众人的欢呼声中扬鞭策马，竞相追逐；观者欢呼鼓掌，跺脚助威。先到达终点者为优胜。赛马结束时，一般要举行授奖仪式，获奖的马匹和骑手要并排列队于主席台前，先由民族歌手吟诵赞马诗，接着往名列榜首的骏马身上撒奶酒或鲜牛奶以示庆贺。

射箭比赛，以命中目标多少或环数多少决定胜负。那达慕大会上，常举行百余人参加的大型骑射比赛，一般规定每人射九箭，分三轮射完。骑手们从远处疾驰而来，张弓搭箭，射向靶心，以中靶的箭数多少评定名次。如今草原上的弓箭大多让位于步枪，所以在那达慕大会上也常举行乘马射击、乘骆驼射击等比赛。我们还可以看到"赛骆驼"、"布鲁"、乘马斩劈、超越障碍、飞马拾物等传统竞技活动。在中原地区早已销声匿迹的马球，在内蒙古草原上开展。

东北地区的气候寒冷，开展冰雪运动有良好的自然条件。《隋书》《新唐书》等史籍上曾记述了北方少数民族的滑雪活动。长期居住在松辽平原的满族，不仅酷爱骑射，而且尤擅长滑冰，努尔哈赤以此来训练的士兵，可昼夜滑行数百里去突袭敌人。他们还在太子河等天然冰场上举行滑冰比赛。传说，阿骨打联合女真各部起兵反辽，带兵的大辽元帅以为冬天寒冷，雪厚，江上也不能行船，女真兵来不了。女真兵在狍皮靴子上用鹿皮筋绑了一块小木块，木块上有一条小铁棍，称为冰滑子。从江面滑冰而来，取得战斗胜利。后来满族入主中原，清朝皇帝常下旨让八旗兵到北京城的北海进行打冰滑子的比赛表演。满族把风驰电掣的速度滑冰和姿态优美的花样滑冰带到内地，并将滑冰和武术、杂技、射箭、球类等运动结合起来，称为"冰嬉"。冬季满族军士常在北海等处举行上千人参加的冰嬉盛会，以阅武的形式表示不忘旧俗，表演各种冰上绝技供皇室观赏。朝鲜族的妇女喜爱秋千和跳板。朝鲜族姑娘所荡的秋千往往架得很高，秋千架的前方高高悬吊着花朵或铜铃，谁能荡起秋千后用嘴叼住花朵或用脚踢中铜铃，谁就是比赛的优胜者，其活动的特点是高、飘、悠、巧、柔、美、欢。秋千分单人荡和双人荡，比赛为单荡。比赛分为三个阶段：第一阶段规定在 5 分钟内，凡踢到悬挂的铜铃三次以上者方能参加第二阶段的比赛。第二阶段同样在规定时间内达到标准和踢到的次数较多者，方能取得决赛权。第三阶段不计时间，表演者根据个人的技能随意发挥，以踢到铜铃的次数最多者为胜。成绩相等时，按在同一阶段比赛中犯规次数少者名列前茅；再相等时，就按整个比赛中犯规次数多少排列名次，优胜者大会给予奖励。比赛中只见姑娘们争揽绳索飘然荡起，美丽的彩裙往来飞舞，阵阵欢歌笑语，极富诗情画趣。跳板也是一种勇敢者的游戏，两人站在一条类似跷跷板的木板上，利用对方跳起后落下踩板的弹力，跃起到空中做各种动作。他们手持扇子、彩绸和花环，腾跃而起，像燕子飞舞，似仙女下凡。

跳板和秋千一样有着悠久的历史，它是朝鲜族妇女非常喜爱的一种以蹬跳为特征的全身运动游戏。朝鲜族民间有句俗话说："姑娘时不跳跳板，出嫁后就会难产。"因此，跳板运动很受重视与喜爱。关于跳板的起源，有传说在古代，女孩足不出户，为了能看到院墙外的世界，便在院子里架起了压板（俗称"跷跷板"），起先让孩子一头坐一个，一上一下压着玩，后来孩子们觉得站在板上看得远，跳起来看得更远，于是便产生了跳板。民间跳板长5.5米，宽40厘米左右，厚5～6厘米。跳板中间的下面立板垫，高30厘米。比赛时有专人守护板垫，防止跳板掉下来。站在跳板上两端的姑娘轮番连续起跳，逐渐将对方弹送得更高。在身体腾空时能表演出惊险动作者最受欢迎，如剪式跳、旋转跳、空翻跳，甚至跳藤圈、做造型、舞花环、挥彩带等。灵巧优美、五彩纷呈，令人眼花缭乱，惊叹赞赏。跳板比赛分两人一组对跳，一方双脚向下，另一方借力向上弹，腾空做各种动作，随下落用力于板上，将另一方蹬于空中，这样此起彼伏，彩裙飘舞，十分好看。妇女们在跳板比赛中，有比高度的，以跳跃的高度定胜负；也有比技巧的，表演者在跳板上做各种花样动作，如大转身、跳花环等，以高难度动作取胜。每年在端午、中秋等节庆日子里举行。

朝鲜族小伙子们的摔跤方式独具一格。素有"摔跤之乡"之称的吉林延边朝鲜族自治州，有着悠久的摔跤历史。每逢端午节或中秋节，四方摔跤手就云集在一起，争标夺魁。比赛时，双方穿上特制的摔跤服，双方要在腰上系一束白色长带子绕过右腿，各自将左手套进对方的带里，右手抓住对方的腰带，单膝跪地。裁判员一声令下，双方同时立起，比高低，经过多局较量后决出获胜者。经过层层淘汰，人们常选一头膘肥体重的黄牛作为奖品奖给优胜者，比赛结束时获胜者牵着黄牛在锣鼓声中绕场一周。

每年的5月22日，是鄂温克牧民最欢乐的日子，因为这一天是他们统计当年产幼畜数量、庆贺丰收的日子——"米阔鲁"节。节日当天，人们穿上美丽的民族服装，亲朋好友汇集到一起，给牲畜烙印。小伙子们矫健地骑上骏马，挥舞着套马杆，追套两岁的烈马。套住后，骑手们一拥而上，有的跳上马背，有的拉住马尾，有的紧握马耳，瞬间把马摔倒在地，有的人剪鬃、割尾梢，有的人割耳做记号，马的主人则在马的后腿右侧烙印。这是一种非常紧张、激烈、有趣的活动，也是牧民们互相比武，大显骑技的好机会。

生活在祖国最北方的达斡尔族人民素以骁勇强悍著称于世。自古以来就善于骑射、摔跤、打曲棍球。曲棍球，达斡尔语称"贝阔"，是达斡尔族历史悠久的传统体育项目。近些年来，莫力达瓦达斡尔族自治旗等地已为国家培养、输送了不少优秀人才，既为国家争了光，也赢得了"曲棍球之乡"的美誉。达斡尔人爱玩的"波依阔"，很像现代的曲棍球。球棍一般柄长约 0.9 米，多用下端弯曲的细柞木制成。球用杏树根或毛毡做成，大小与网球相似。原始的打法无射门之说，双方各画一界线，打过界线就算胜利了。正式比赛，需在相距 50 米远的场地两端各设营门，球击入营门才算获胜。现代的玩法是在足球场上那样大的场地上，两端分别插两根棍子做门柱，双方各派 11 人上场，用带拐子的木棒将球打入对方的大门。更有趣的是，他们还喜欢在夜间举行火球比赛。火球用桦树上的白菌疙瘩制作，球体抠空后浸进松明等易燃物，或用毛毡球浸沾油等易燃物。开球时将球点燃，使其借助风力燃成小火球。随着双方队员的激烈拼搏，火球在夜空中穿梭往返，划出一道道绚丽的弧线，颇为壮观。鄂伦春族和鄂温克族的儿童从小就玩狩猎和捕鱼的游戏，稍大一点便接受射击训练。赫哲人为了掌握渔猎技术，余暇时进行用鱼叉投射草球的比赛，谁能准确地叉中用草扎成的"球"，那他一定是个叉鱼的能手。赫哲族于 1985 年形成"乌日贡"节，意为娱乐或文体大会，每两年举行一次。时间一般在农历五六月间，历时 3 日，地点在赫哲族聚居区轮流。节日的白天主要是体育竞技，有游泳、划船、撒网、拔河、叉草球、射草靶等。其中叉草球最富民族特色，是叉鱼草技术在陆上的业余训练。草球以湿草捆扎而成，大小若足球。比赛方法有两种：一种是把多个草球扔出一定距离，参赛者站在同一界线上轮流用近 2 米长的 3 齿木权投叉，中者为胜。另一种是分两队比赛，甲队先把球抛向空中，球落地前乙队若能叉中，就前进 15 ~ 20 步，否则后退相同的步数，改由乙队发球甲队叉。先到终点的队为胜。入夜，江边燃起堆堆篝火，举行群众性的聚餐宴饮活动，人们手拉手跳起天鹅舞、萨满舞、鱼鹰舞、手鼓舞，热情昂扬的舞姿伴以曲调悠扬的歌声。

二、西北

祖国的西北居住着能歌善舞的维吾尔族，他们有两项在高空进行的独特活动。一种是可上溯至 13 世纪的古老游戏沙哈尔地（空中转轮），这是维吾尔族人民最喜爱的传统体育游戏之一。其活动形式是一架巨型的靠转动而荡起的秋千，10 多米高的柱子上端装着一副转轮，轮上挂下两架秋千，数人像推磨一样转动柱子下的一根横木，秋千就会随着旋转的逐渐加快而高高荡起。每年春秋季节和婚礼时举行，常与叼羊游戏同时进行，两者相辅相成，往往延续多日。每当举行这项游戏时，小商小贩云集，使游戏更具有热闹纷繁的集市色彩和民族特色。沙哈尔地（空中转轮），由主轴（高十五六米）木轮轮杆以绳索联结而成。主轴垂直竖立于地面，轮杆套于主轴底部，可由两组（各4人）向同一方向推动，主轴顶端装木轮，木轮与主轴底部的轮杆以绳索相连，推动轮杆可带动木轮旋转，木轮两侧各系有两根长绳，供游玩者牵附，游玩时，人人推动轮杆，使木轮转动带动绳端二人旋转。木轮旋转越快，人飞得越高。游玩者轮换戏之，其乐无穷。这种游戏规则，由男青年推举的首领掌握。如有人因不文明的行为破坏了现场秩序，首领会视其情节轻重或应大家要求予以惩罚，重者或被驱逐出场。

另一项是名为"达瓦孜"的高空走绳运动。在美妙的"十二木卡姆"乐曲的伴奏下进行，这种高空走绳更增添了它扣人心弦的魅力。传统体育几乎每个项目都有一个动人的传说，每项活动都是一首瑰丽的诗。关于"达瓦孜"的起源，传说远古时有个妖魔在云端兴风作怪，青年乌布力决心为民除害。他竖起一根直插云端的木杆，沿着杆顶上牵下的长长的绳索攀上高空，勇敢地击败了恶魔，人们为纪念他便开展了高空走大绳的活动。自唐、宋到明、清的史籍中，称这种活动为"踏索""履绳""踏绳""走索""绳技"等，如今发展为在高空走大绳，异常惊险，其难度之大、要求的技艺之高，非一般杂技节目中的"走钢丝"所能相比。

"达瓦孜"表演前，先在地上立起一根长约30米的木杆，一条长约80米的粗绳的一头系在木杆顶，另一头系在地上的铁钩上，粗绳呈坡形。因绳太长容易弯曲，在走绳的中间再搭几个木架支撑绳子。表演开始时，表演者手持3米多长的横杆，光着脚，在浓厚的新疆民族古乐声中，踏着轻快的步伐，踩着粗绳顺坡而上，直通高杆的顶端。观众只见他时而跳着轻盈的舞步；时而又用红布蒙住双眼，在绳上前进和后退；时而又像高僧打禅盘腿坐绳。快到顶空时，突然来个骑绳动作，像是要从高空往下坠，一下子使观众惊叫了起来。在双脚上绑上铁盘子，表演难度很大的空中踩盘走绳，一直走到杆顶，更是绝妙。这样精彩的表演常常博得人们热烈的掌声。

生活在牧区的民族，性情剽悍，传统体育活动多离不开马匹。哈萨克、柯尔克孜、乌兹别克、塔吉克等族的男女，酷爱一种称为"叼羊"的集体马上游戏。叼羊多用两岁左右的山羊，割去头蹄，紧扎食道。有的还把羊放在水中浸泡或往羊肚子里灌水，这样比较坚韧，不易扯烂。参加叼羊的人事先要组队。每一队中都有冲群叼夺、掩护驮遁和追赶阻挡等分工，而且讲究战略战术。比如一旦夺得羊只，其他同伴有的前拽绳子，有的后抽马背、前拉后推、左右护卫才能冲出重围。它既需要个人娴熟的技巧，又需要集体的密切配合。这种骑着骏马奋力争夺一只山羊的竞赛异常激烈，有时数百骑搅成一团，人喊马嘶，似乎又将我们带回到了鏖战不休的古代战场。

而另一源于男女青年表达爱情的民间游戏"姑娘追"，也洋溢着浓烈的生活热情。"姑娘追"是哈萨克族姑娘和小伙子最喜爱的活动，一般多在节假日举行。它是借助马术表演，互相结识进而传递爱情的一种有趣活动。

哈萨克族流行的"姑娘追"是男骑手在前面跑，女骑手在后面追，而柯尔克孜族有一种游戏却与之相反，叫"追姑娘"。它主要流行于阿合奇和特克斯县等部分地区，通常是在喜庆节日和牧民集会时举行。人们说，这是对小伙子是否有男子汉的本事，是否称得上男子汉的检验。当然，它也是柯尔克孜族青年男女寻找情侣，表达爱情的一种重要机会和最佳方式。届时，每个部落或"阿寅勒"（村落）都要派出自己的男女选手，并挑选最好的马供他们骑。但马的选择必须向双方保密。比赛开始，男女选择好对手。共同向前方二三百米外的指定地点并辔行进。一路上，小伙子可尽情对姑娘挑逗，讲俏皮话，当然，也可以表达自己的求爱愿望，甚至可以求婚。这时，姑娘既不能对小伙子的挑逗恼怒，也不会对他的求婚表态。如果真的喜欢这位青年，也可以示意。如果在回来的路上追得上，婚事可以商量，到达指定地点后，姑娘要立即调转马头，疾速回跑，小伙子也随之扬起马鞭，紧追不舍。为了拉大距离，有的姑娘在起跑时，故意向小伙子的马抽一鞭，使对方的起跑出现片刻迟缓。一路上，两匹马风驰电掣，竞相奔跑，场边的观众，也不断发出阵阵"加油！加油！"的喧闹声。到达终点时，如果小伙子追上姑娘，可以在众人面前搂一下或抚摩一下姑娘，或扯起姑娘的衣角，以表示自己取得了男子汉的胜利。如果没有追上，不仅会被视为在众人面前丢了面子，还会失去姑娘的好感，最后还要代替所在部落或"阿寅勒"向姑娘颁发奖品。当然，这种比赛一般总是男子取胜的多、输的机会少，因而其对广大寻求幸福的青年男女，始终展示着无限的诱惑力。

赛骆驼也是西北各民族民间喜爱的一项体育活动，一般在节日里举行，男女均可参加。比赛时，赛手身着民族服装，骑上骆驼，一声令下，便策动骆驼开始飞奔。骆驼的四只脚像喇叭口一样，掌上的肉垫，柔软宽厚，在草原和沙漠上奔跑时不会下陷，几乎听不出声音。骆驼在人们的印象中，身体庞大、笨重，似乎难于奔跑，其实不然，骆驼跑起来，时速可达 60 千米。赛骆驼的赛程一般为 1.5 ~ 5 千米。在草原上赛跑一般比较容易，但在大庭广众之下的运动场上赛骆驼就不是件容易的事了，需要平时多训练。赛骆驼表演不仅具有浓郁的牧区生活气息，深受群众欢迎，而且在中国少数民族传统体育运动会上，也曾受到国内外观众的热烈欢迎。

弓箭在锡伯人的生活中占有异乎寻常的重要地位。在古代，无论是从事渔猎，还是编入清"八旗"从戎，都要靠好的箭法。当时入伍要做到"一马三箭"，即打马飞跑，在百米内要连续射击三箭，才能驰骋疆场。时至今日，锡伯族仍然承传着射箭的习俗。锡伯族的孩子们在会跑时就练骑马，能拉弓时就开始学射箭。根据锡伯族习惯，如果生了男孩，父辈要给他添一把小弓和一支小箭，并用红丝绳悬挂在门口，祝愿孩子长大后弓马娴熟，成为能骑善射的好汉。在孩子过 10 岁生日那天，父亲一定要送一把用榆木、牛筋做的硬弓，作为最好的纪念。锡伯族的青年男女在社交中以弓箭结缘。小伙子如向姑娘求爱，就要以高超的射箭技艺博得姑娘的芳心。如果姑娘看中了哪个小伙子，就主动同他一起拉弓射箭，以此沟通情感，结为良缘。在锡伯人聚居的地区村村有射箭场，家家有弓箭，曾涌现出许多射箭能手。当一名神射手是至高无上的光荣，会受到众人的格外敬重。锡伯族对箭和箭靶都有讲究。古式响箭射出去会发出响声，饶有风趣。这种箭的箭头用兽骨制成，呈尖圆形。箭头上有 4 个小孔，箭离弦后，由于速度快，空气从小孔中穿过，发出响声。古式响箭的箭靶是用马皮和毛毡特制的，靶上用 6 色布做成布圈，靶心是红色的。射手射中哪一圈，那个圈便会掉下来，在比赛时，计算成绩一目了然。有的地方还保留着古代狩猎的社会遗风。如在射箭比赛中，要以羊或牛作为彩头。胜利的一方获彩头后，将自己的箭挂在羊或牛的头上，以炫耀自己的光荣。胜利者得到羊或牛以后不能独吞，要当场宰杀并用大锅煮熟，分给众人进行品尝，失败一方也在其内。射箭是锡伯族最喜爱的一项传统群众体育活动。从前，锡伯人劳动归来还要赶在日落之前，在村庄附近举行各种射箭比赛。比赛场地非常简单，只要在空地上竖起两根木杆，中间拉上麻布或毛毡就是箭靶；有的还以草人做靶。比赛时往往分成老年、中年、青年等几队。这种射箭比赛的距离有远有近，远的达 240 步，近的 80 步，也有 100 步的。比赛的方式也不尽相同，有立射和骑射等。现在每逢中秋节、春节、"四一八"时，锡伯族都要举行射箭表演和比赛。20 世纪 70 年代察布查尔锡伯族就成立了射箭队，盖起了射箭厅。多年来，锡伯族为国家输送了许多优秀射箭运动员，一些运动员多次在国内、国际运动会上夺得金牌和银牌。

"打五枪"是保安族人民主要的传统体育活动之一，几乎每年都要举行"打五枪"比赛。参赛者用自制的土枪，从装火药、扣压引火帽到射击，必须一气呵成，并且规定这一连串的动作必须在飞驰的马背上进行，在200米距离内完成打五枪的任务。"打五枪"活动一般在冬闲时举行，届时所有保安族群众都前来观看。比赛前，骑手们先把引火帽装进缠于额头上的花布火药带内，内有5只拇指粗的牛角管，管内装有火药。骑手们在起跑线前持枪上马，号令一下，只见他们在奔驰的马背上左手持枪，右手装火药，取装引火帽、射击等。在到达终点之前，谁先连续射完5枪谁就是第一名。获胜者为本村争光，人们都表示欢迎。

撒拉族地区重峦叠嶂，交通闭塞。新中国成立前，人们往来靠步行，商业贸易靠脚户。在一些地带，桥梁失修，木船很少，人们主要靠羊皮筏子摆渡。如今，在滚滚的黄河上，羊皮筏子已不再是主要的交通工具。但是，羊皮筏子比赛却延续了下来。久居黄河沿岸的撒拉族，每年夏季都要在黄河上举行羊皮筏子比赛，一个筏子可坐8～10个人。参加者多是小伙子，也有年轻女子坐在皮筏上欢快地敲锣助兴，他们多穿上漂亮的民族服装。比赛号令一下，皮筏子便如离弦之箭冲向激流，参赛者要靠机智绕过旋涡，避开恶浪，方能安全地到达对岸。此外，也有单人骑羊皮袋或牛皮袋渡河比赛的项目。这种比赛充分显示了撒拉族人民与大自然搏击的不屈不挠的精神。

撒拉族男女青少年普遍喜爱踢毽子。毽子的做法：先准备一枚铜钱，然后用一块布裹住铜钱，将布头从钱孔中翻穿上来，再拿几根鸡毛穿在钱孔中，用布头包好，拿线捆紧即可。还有一种做法是：将一块铜钱大小的石头用布包好，再剪一些鸡尾上的羽毛根，长约0.5厘米，把一头拆开，将其牢牢缝在包有石块的布中间，然后在另一头塞满鸡毛，公鸡毛最好，但忌用鸡腰子上的毛。民间传说用了以后家里的锅底会穿孔。踢毽子的方式很多，难度大。最有代表性的是技巧踢法。届时，先用猜手背的方法分开甲乙两队，然后各队施展各种技巧踢毽，按踢的时间长短分胜负。撒拉人踢毽子的技巧令人叹服，有的在大腿上踢，有的用脚向里摆或向外摆踢，有的是用左右脚分别从身子的后面踢上来。在林边、空地上、打麦场，闲暇时到处都可以见到撒拉族男女青少年踢毽子，女孩尤喜此游戏。它可以锻炼身体各部位的灵活性，舒展肌肉，活动腿脚，既像舞蹈，又似技巧表演。

东乡族有许多流传的民间文娱体育活动，在冬季和初春农闲时期，尤为活跃。玩"咕咕杜"是青少年的一项主要活动。所谓"咕咕杜"，实际上是用树枝削制的像鸡蛋大小的椭圆木球。活动时人们各自手持 50 厘米的木棒击打，因此又称"打咕咕杜"，比赛中按参加的人数分为攻方和守方。场地多在打麦场或靠墙、靠山崖的平坦地方。其规则是：守方在划定的方框内将球击出，攻方则从得球之地，无论远近，尽力将球击入方框内，入则交换发球权。打"咕咕杜"场面气氛热烈，十分精彩。另一种"耍火把"是东乡人于农历正月十五的重要娱乐活动。天色将黑，就可以看见村寨里的青少年手持麦草扎的火把，跑出山庄，奔向田野。一支支火把在茫茫夜色中排成一字形的长龙，旋舞飞腾，极为壮观。东乡族"耍火把"没有歌舞场面，而是突出一个"跑"字。青少年高擎火把，跑向山头、地垄，老人、妇女站在村头观望，民间传说火色越红，则预示来年五谷丰登。回族在我国分布最广，大部分城乡都有他们的踪迹。历史上回族人民为图生存和反抗凌辱，十分重视练武活动，他们中流行着弹腿、查拳、八极拳、通臂拳、"阿里棍"、"沙家杆子马家枪"等许多拳种和器械武术套路。

三、中南

祖国的南方气候温和，这里居住的许多少数民族，各有自己缤纷多彩的传统体育活动。跳竹竿是黎族人民喜闻乐见的一种传统体育活动，有着浓郁的乡土气息。每当重大节日或新谷登场，人们都要举行跳竹竿，而且往往通宵达旦。跳竹竿，黎语叫"卡咯"，早年是男子跳，女子扶竿击节，后来发展成男女都能跳。而且在演出中女的更多。因为女子步态轻盈灵巧，爽快活泼。跳竹竿时，先将两根长约 5 米的枕竿平行摆在平地上，竿间距离 3.5 米左右。在枕竿上横架 8 根 4 米左右的细竹竿，由 8 人分两组到枕竿两边去扶竿击节，每人左右手各握细竹竿一端。音乐伴奏，锣鼓打拍，扶竿者按节奏撞击竹竿，竹竿在枕竿上滑动离合，发出"咔嗒、咔嗒"的轻快声响。舞者在 8 根竹竿间跳跃，而击竿者时而蹲、时而坐、时而跪、时而站，使竹竿有高低变化。谁反应稍慢，脚踝或腰腿就会被夹住。被夹者在人伙善意的哄笑中被竹竿夹抬着请出场外。谁能坚持到最后，闯过跪、蹲、站三关，谁就被当作优胜者，坐在竹竿上被高高抬起，接受欢呼与祝贺。在椰林里、在海滩上，他们手持竹竿对面蹲坐，若干人一齐将手中的竹竿一开一合地敲击，有节奏地发出"呱嗒、呱嗒"的声响，跳竿者就在竹竿分合的空隙中巧妙地转身、跳跃，那灵巧的动作散发着青春的活力。黎族除跳竹竿外，还有射牛腿、穿藤圈、"打狗归坡"等，几乎都与狩猎劳动有关。射牛腿是用弓箭射击悬挂在高大古树上的牛腿，先射中的人获得牛腿作为奖品。

居住于中国宝岛台湾的高山族同胞，不但从小练习长跑、游水和渔猎，而且喜欢一种"竿球"游戏。这种由祭祀活动演变而来的游戏非常有趣，一群人举着长长的竹竿竞相顶刺抛在空中的藤球，如果刺中了象征吉祥的球，今后将大吉大利、万事如意。高山族还爱玩"背篓球"，这是男女青年求爱的一种形式。玩的时候女的背着竹篓在前面跑，男的随后紧跟，且将象征着幸福常青的槟榔朝女方的背篓里投掷。投中者如果被姑娘看中，她便喜笑颜开，减慢速度，让小伙子把槟榔全投进来；如不满意，则侧肩倒出槟榔表示投中无效，垂头丧气的小伙子只好追别的姑娘。

畲族的体育活动项目也很多，有武术、登山、打尺寸、操石磉、骑海马、竹林竞技等。畲族武术以畲拳最著名，棍术次之。畲拳已有 300 多年的历史，主要动作有冲、扭、顶、搁、削、托、拨、踢、扫、跳等。进攻时多用拳肘，防守时常用前臂和掌。讲究以肘护肋，步伐稳健，动作紧凑，进退灵活，具有"下如铁钉，上如车轮，手如碾盘，眼如铜铃"的特点。在拳乡福建罗源县八井村，有一半以上的人会拳术。上自古稀老人，下至学龄儿童，不论男女都有练拳习武的爱好。畲拳的流派和套路有数十种之多。畲拳的练功方法也很特别，如练铁砂掌之前，先砍一节粗壮的竹筒，内装一条毒蛇，蛇腐烂后，练武者将手伸进竹筒，蛇毒使其手奇痒难忍，急需插入米糠、谷子或沙子及铁砂中摩擦，久之则皮肉坚硬。锄头、扁担等生产工具都是习武器械。棍术有长短之分，长的 3.6 米左右，短的也有 2.3 米。其招式有 7 步、9 步、猴子翻身、双头槌、3 步跳、4 步半、天观地测等。畲族的登山活动多于春秋两季的节日举行。男女老少都参加，各择其路，先至顶峰者为胜。竹林竞技中以爬竹竿和射箭最吸引人。许多人爬竹竿只用手不用足，甚至有的参赛者还是倒立向上爬，动作敏捷得像猿猴一般。射箭则要比赛射飞行中的斑鸠。"打尺寸"的玩法是，一人站在直径约 2 米的圆圈内，右手持一根 30~40 厘米的棍子（"尺"），左手拿一根筷子长的竹条（"寸"），以"尺"将"寸"打出圈外，站在圈外的一伙人在"寸"落地前争取接住它，再投向圈内，圈内的人可再以"尺"将"寸"击出，或用手接住。谁使"寸"落地，谁便输了。此项活动传说起源于唐代畲民起义中赤手拔箭的英雄事迹。"操石磉"是推石头角力，骑"海马"是在海滩足踩名叫"海马"的滑溜板飞速前进。

在少数民族中人口最多的壮族，传统体育项目也不少。富有特色的"打扁担"是来源于居民生产劳动的娱乐健身项目，壮语称为"谷榔"，意思是舂米，据说始于宋代。参加活动的人两两相围在长凳或舂米木槽旁，用自己手中的扁担敲击各处，打出和谐的音响和复杂的节奏。每逢新春佳节为祈祝五谷丰登，壮族人倾寨聚于庭院，扁担声声分外响亮，数里之处都能听到。来源于生产劳动的项目还有湘西土家族的"打飞棒"、黔南瑶族的"猎棍操"、云南普米族的"飞石索"、川西羌族的"打靶"和佤族的"打弩"等。

民间高台舞狮是一项深受壮族和其他许多民族群众喜爱的娱乐活动，具有杂技艺术的特色。高台是以 8~12 张大方桌一层层叠垒而成，最上面的桌子四条腿朝天，总高度 10 多米，一个舞狮班子，少则四五人，多则 15 人。一般同时登台表演的是 4 人。两个人扮狮子，把狮头狮皮被盖在全身，只露两脚；另外 2 人分别装扮成"孙猴"和"笑脸和尚"，有时还有同时出场的"小狮子"。"孙猴"和"笑脸和尚"挥舞手帕引逗大狮子逐层攀上高台，直至顶端。上攀的动作十分惊险，有正上、倒上、翻上，"小猴"与"和尚"、"小狮"与"小狮"一正一倒向上；大狮子有直上、穿上、穿绕桌子螺旋上，到最高处还有四脚踩桌腿表演，其过程中不戴任何保险绳索。所表演的技巧，都有生动形象的名目，如"燕子翻飞""蛤蟆抱息""鳌鱼吃水""雏鹰展翅""鲤鱼晒肚""蜘蛛吊线""仙猴摘桃""滚龙抱柱""冲天倒立""靠背翻""踩高桩""叠罗汉""旋风车"等。一个舞狮班有时可连续表演四五个小时。有些动作使人屏息静气、心情紧张，有些动作又因滑稽可笑而使观众忍俊不禁。

斗马是广西融水大苗山苗族的一项民间竞技娱乐活动，每年 12 月 26 日举行，历时 3 日。第一日，人们忙着到田里放水捉鱼，煮鲜鱼粥尝新；还蒸糯米饭、酿甜酒、宰鸡杀鸭，招待亲朋好友。第二日正式开始斗马。上午 10 时许，笙高奏，舞狮舞龙上下翻腾，后面跟着威武雄壮的马队，雄赳赳地进入斗马场。斗马场上，骏马云集，几十匹精选出的马膘肥体壮，在场边跃跃欲试。当裁判一宣布斗马上场名单，两列马队各牵出一马，解开绳子，两马即向对方猛扑过来，双脚腾空相峙，互相撕咬，或突然转身翘起后脚，猛踢对方。紧张激烈和有趣的格斗场面不时引起观众的阵阵喝彩和欢呼。经过几个回合的决斗，以一匹马倒地或败走来决出胜负，经循环决斗决出最终的获胜者。第三日实则赛马。骑手们在崎岖不平的羊肠小道上，急步前跑，腾空上马。马背无鞍，骑者双腿夹紧马身，马儿在盘山小路上飞驰，场面惊心动魄。

侗族喜欢斗牛；每个村寨都饲养有专供比赛用的"水牛王"。"牛王"的圈多建在鼓楼附近，干净通风，称为"牛宫"。牛王有专人割草担水拌料伺候，还会经常供给蜂蜜、猪油、米酒等食物。"牛王"体格硕大健壮，浑身滚圆流油，犄角粗壮尖利，像张开的钢叉。每年农历二月与八月的亥日是侗族的斗牛节。节前青年人吹着芦笙到其他村寨去"送约"邀请对手。"送约"之后，便到"牛宫"前吹奏芦笙，敬祭3日，替牛"养心"。节期一到，群众集汇于斗牛场周围，参赛"牛王"在芦笙伴奏下开始"踩场"：一青年手举写有"牛王"的"马牌"前行，昂首挺胸，"牛"气十足。"马牌"后紧随举着木制"兵器"的卫队和鼓乐队。"牛王"犄角上镶戴着锃亮的铁套，头披红缎，背驮"双龙抢宝"牛王塔，塔上插有4面令旗和2根长长的野鸡翎，像古代的将军一样。牛脖上挂有一串铜铃，悬在胸前，朗朗有声。"踩场"结束后，牛王退场。三声铁炮轰鸣，正式斗牛开始。牛倌把点燃的两把火分别抛到自己的"牛王"前面，同时放开手中缰绳，两牛冲向对方，群众敲锣呐喊助威。败方彩旗要允许胜方的姑娘们"抢走"。获胜的"牛王"披红挂彩，再度入场接受欢呼。若打得难解难分，就要用棕绳套住牛后腿拉开，握手言和。几天后，胜方姑娘去送还败方彩旗，败方小伙子设宴款待，陪唱"大歌"，并赠礼品"赎旗"。哪个寨子的"牛王"能获胜，是全寨的荣耀，因此斗牛后有群众性歌舞饮宴庆祝。近年贵州省的侗族"牛王"还到一些大城市去表演角斗，使这种特殊的娱乐文化更加声名远扬。

打长鼓、庆丰收、祭祖先是瑶族人民的传统习俗。黄泥鼓属于长鼓中的一种，是居住在大瑶山上的瑶族人民喜爱的民间乐器。顾名思义，这种鼓最特别的地方是要用大瑶山特有的黄泥浆来糊鼓面才能定准鼓音，所以人们便称黄泥鼓。用黄泥浆糊过的鼓面，由于鼓面湿润，增加了厚度，所以敲打起来发出"空央、空央"的双连鸣音，特别洪亮、动听，音传数里之外。黄泥鼓是用木质软韧而轻便的泡桐树木镂空两头制成，有公鼓、母鼓之分。公鼓腰长，母鼓腰短，鼓头两端呈喇叭形。公鼓长约35厘米，直径4厘米，母鼓长约30厘米，直径6厘米。做好的鼓用山羊皮蒙面，两端系上8条小棕绳对拉，中间再用竹片旋绞绳索，使鼓面绷紧。黄泥鼓舞在民族舞蹈中独树一帜，一只母鼓相配四只公鼓组成舞群。母鼓斜挎胸前，用双手拍击，公鼓则是竖着拿在手中，用左手敲击，动作随着音乐的变化，舞姿雄健洒脱。跳黄泥舞母鼓的鼓点最重要，它指挥和掌握着整个舞蹈的节奏，公鼓是伴随着母鼓的鼓点变化的。因此担任打母鼓的常常是寨子里的老鼓手。黄泥鼓敲响之后，几位装扮漂亮的姑娘，手持花巾，踩着鼓点穿插其中，边歌边舞，高潮时，围观的群众会情不自禁地加入歌舞的行列。母鼓动作悠然自得，柔中有刚；公鼓动作矫健有力，热情奔放。公鼓和歌队把母鼓紧紧围在当中，犹如群星拱月，母鼓又不时和公鼓对应敲打，使整个舞场充满欢乐气氛。

仡佬族将打蒆球称为"蒆鸡蛋"，是用桶竹或金竹细蒆编织成一个鸭蛋大的球，球内塞满稻草或碎布旧棉做成，在平坦地上划出分界线，参赛两队各自进入自己的半场。比赛开始，甲方用手把"蛋"拍击到乙方场地，乙方再打过来，或用脚踢过来。蛋被打出界外，或没有接住，或触到了手足之外的身体部位，对方便可得分，以得分多少决胜负。"花龙"是在篾编的球中装了些铜钱和碎磁片，故在拍打或投掷时能发出悦耳的声音。比赛时不分队，先由一人抛掷"花龙"，参赛者去抢接，接到手后再抛，并喊叫自己要抛"花龙"了，谁接抛的次数多，谁就是优胜者。由于争抢激烈，又没有固定的场地范围和比赛时间，所以很热闹，也很容易看出谁最机敏、最有耐力。广西隆林地区的仡佬族在老人大病初愈后，跳牛筋舞庆祝，祈望老人健康长寿。主跳者是老人的大女婿或大侄女婿，陪跳者是女性亲属。主跳者背一个竹编蒸笼，笼中放只空碗，手执一条30多厘米长的熟牛筋。陪跳者手拿一根筷子，设法敲响笼中的碗，敲响一次，主跳喝一杯酒，陪跳者的筷子若被牛筋挡住落地，陪跳者也要被罚饮酒一杯。舞毕，将数斤鲜牛肉和牛筋献给老人，祝福他身体强健，生命顽强，犹如牛筋一样坚韧有力。

摆手，土家语称"社巴巴"，是土家族独有的一种舞蹈。传说，摆手起源于古代巴人战时所跳的"巴渝舞"。商末武王伐纣时，军中的巴人作战时手持尖锐的兵器，边舞边进，勇不可当，由此便发展成一种摆手舞。现在，摆手从内容上发生了根本变化，涉及土家人生产、生活的各方面，一般从腊月二十九开始，到摆手堂来参加跳"摆手"。摆手动作简单、明快，出左脚，摆左手，出右脚，摆右手，摆手的动作贯穿首尾，故有"摆手"之称。跳摆手，要击鼓鸣锣，还要伴以唱歌。随着一声鼓点，土家人围着场地摆起手来。顿时，鼓乐震天，"撒尔嗬"的歌声夹杂其中，摆手堂一片欢腾。"毛古斯"，土语为"拔步长"，是老公公的意思。它是土家族纪念祖先、开拓荒野、捕鱼狩猎等创世业迹的一种古老舞蹈，形式风格，异常古朴、别致。每逢过年节跳摆手，都要跳这种古老的舞蹈。跳演"毛古斯"，需十五六人组成，为首的祖辈叫"拔步长"，其他的是小辈儿孙。这样就组合成一个家庭。无论辈分高低，浑身都得用稻草、茅草、树叶包扎，甚至脸面也要用稻草树叶遮盖住，头上还要扎五条大棕叶辫子，四根稍弯，分向四面下垂。"毛古斯"从动作到内容，都别具一格。演出从始至终，讲土话、唱土歌，形态滑稽，诙谐有趣。碎步进退，屈膝抖身，左跳右摆，浑身颤动。摇头耸肩，茅草刷刷作响，全是模仿古人粗犷的仪态。跳"毛古斯"的形式，相当自由，不受内容的限制。可歌可舞，可做游戏，玩杂耍，翻跟斗，打秋千。但以对白为主体，方式灵活多样，观众也可答话插白。演跳这种舞，规模大者要跳六个晚上，大致以土家族的历史、渔猎、婚姻、工作等为内容，融歌、舞、化为一体。这一形式在其他民族比较少见，目前已引起国内外戏剧舞蹈家的广泛关注，被称为古老文化艺术的"活化石"。

四、西南

少数民族的节日集会，是进行传统体育活动的盛会。居住在云、贵、川三省交界处的苗族，常在正月举行盛大的"跳场"，从方圆百里赶来的参加者成千上万。小伙子们聚集在空坪当中竖起的长杆下，比赛谁能灵巧地爬上滑溜溜的"花秆"，取下高高悬在上面的奖品；姑娘们伴着芦笙歌舞，还举行一些生动有趣的赛跑活动。最有意思的是"跳芦笙"，它的起源可追溯到两千年以前，如今已发展为集音乐、舞蹈、体操、武术为一体的传统娱乐活动。苗族跳芦笙时，要表演者吹着芦笙并做出身体运动的各种技巧，主要有滚球、踩蛋、肩上乘上、翻板凳、走竹竿、旋方桌、快速旋转、矮步、倒立、巧喝酒、爬杆等，表演难度大，带有竞技性质，而且观赏性强。自古以来，苗族的芦笙吹奏都要配合舞蹈，边吹边舞。不过由于各地区习俗的不同，芦笙的演奏也有所差异。贵州黔东南苗族地区的"踩芦笙"，规模宏伟，芦笙硕大，芦笙队伍演奏的旋律，音乐丰富，乐声雄厚，气势磅礴，动人心魄。芦笙手们一边吹，一边熟练地做出倒立、滚翻、吊挂、倒背、爬杆、叠罗汉等高难动作。有的地区则以芦笙独舞和双人舞见长，旋律明快，节奏自由，动作娴熟，引人入胜。有的地区芦笙较小，男吹女舞，节奏平稳舒缓，耐人寻味。这些不同风俗的芦笙技艺，汇聚成一束富有民族特色的艺术奇葩，代代相传，永不衰退。苗族的武术，据说有七十二手、三十六手、十八手的拳术秘诀及十二套神拳等。其他像转秋千、赛马、斗牛、赛龙舟等，也是有趣的活动。

著名的"火把节"是彝、白、傈僳、纳西、拉祜等族的传统节目，同时也是举行传统体育项目比赛和表演的大好时机，斗牛、斗羊、赛马、摔跤是火把节上的重要内容。入夜，人们点燃火把，饮酒歌舞之余，可能会观赏到一种罕见的"跳火绳"比赛。这种比赛的参加者往往是一些勇敢的姑娘，她们手里拿着浸过油的布绳站在起跑线上，待发令后点燃绳索，再舞动着熊熊的火绳向前跳跃，争先到达终点。彝族男子除了摔跤以外，在闲暇时还玩一种蹲在地上相互撞击斗力的角力游戏，他们称之为"雄鸡打架"，这是一类可以在劳动之余较量力气以取乐消乏的传统游戏。还有藏族的"格吞"

和"奔牛"、羌族的"推杆"、拉祜族的"拔腰"、仫佬族的"象步虎掌"、瑶族的"推竹竿"、基诺族的"顶竹竿"、京族的"顶棍"和土族的"拉棍"等，都深受小伙子们喜爱。

泼水节是傣族一年一度的传统节日（阳历4月13日至15日）。傣语叫作"楞贺尚罕"，即"六月新年"或"傣历新年"。实际上泼水节就是傣历的元旦，因为在傣文历法中，新的一年是从六月开始计算的。关于泼水节的来历，当地流传着这样一个传说：很早以前，一个无恶不作的魔王霸占了美丽富饶的西双版纳，并抢来七位美丽的姑娘做他的妻子。姑娘们杀死魔王，但魔王的头掉下来后变成了一团火球，姑娘们轮流不停地向上面泼水，终于在傣历的六月把邪火扑灭了，乡亲们开始了安居乐业的生活，于是便有了逢年泼水的习俗。现在，泼水的习俗实际上已成为人们相互祝福的一种形式。在傣族人看来，水是圣洁、美好、光明的象征，世界上有了水，万物才能生长，水是生命之神。泼水节来临，傣家人便忙着杀猪、杀鸡、酿酒，还要做许多"毫诺索"（年糕）以及用糯米做成的多种粑粑，以供在节日里食用。泼水节历时三日。第一天，划龙舟、放高升及文艺表演；第二天泼水；第三天，男女青年在一块进行丢包和物资交流。泼水节一般在风光旖旎的澜沧江畔举行。当晨曦映红"黎明之城"的时候，各族群众便穿着盛装，从四面八方汇聚这里。一声号令之下，一艘艘龙舟箭一般直冲对岸。此时，千万只金竹"上竹下必"一起吹奏，铓锣、象脚鼓一齐敲响，澜沧江两岸顿时变成欢乐的海洋。当泼水刚开始时，彬彬有礼的傣家姑娘一边说着祝福的话语，一边用竹叶、树枝蘸着盆里的水向对方洒过去。"水花放，傣家狂。"到了高潮阶段，人们用铜钵、脸盆，甚至水桶盛水，在大街小巷嬉戏追逐，只觉得迎面的水、背后的水，尽情地泼来，一个个从头到脚全身湿透，但人们兴高采烈，到处充满欢声笑语。当水的洗礼过后，人们便围成圆圈，在铓锣和象脚鼓的伴奏下，不分民族，不分年龄，不分职业，翩翩起舞。激动时，人们还不时爆发出"水、水、水"的欢呼声。有的男子边跳边饮酒，如醉如痴，通宵达旦。"丢包"最富浪漫色彩，往往是傣族未婚青年的专场游戏。"包"是象征爱情的信物，由傣族姑娘用花布精心制作，内装棉籽，包的四角缀有五彩花穗。丢包时，在绿草如茵的草坪上男女各站一排，先由傣族姑娘将包掷给小伙子，小伙子再掷给姑娘，并借此传递感情。如此，花包飞来飞去，最后感情交流到一定程度，双方悄悄退出丢包场，找一个幽静的地方依肩私语去了。改革开放的春风，给泼水节注入了新的活力。每年泼水节期间，都有成千上万的国内外游客来此观光，当地政府也利用这一优势，举办物资交流会。

　　傈僳族聚居在云南省怒江地区，其地峰峦起伏，山势险峻雄伟，故其传统游艺活动也以惊险著称。"刀杆节"是傈僳族人民一年一度的传统体育节日，每年农历二月初八举行。在傈僳族中，"刀杆节"的习俗已有数百年的历史。相传，明代外族入侵云南边疆，朝廷派出兵部尚书王骥带兵前往御敌。王骥到达滇西北后，依靠当地傈僳人民团结战斗，很快地驱逐了入侵者。二月初八，王骥奉旨回京，不幸在途中被奸臣害死。为了纪念这位反抗外族入侵的人物及在战斗中的牺牲者，傈僳族人民就将这一天作为"刀杆节"，由此沿袭，逐渐形成一种传统的体育活动。每年的这一天，人们都穿上节日的盛装，成群结队地来到"刀杆节"会场，观看"上刀山，下火海"活动。几声火枪响过之后，首先七八名"香通"（上刀杆表演者）为众人表演"跳火舞"。他们上身裸露，光着脚，模仿各种禽兽的动作，在一堆一堆烧红的木炭上，来回跳动，还不时抓炭火在身上揩抹，圆浑的火球在手中翻滚、搓揉，而他们却毫不在意。经过火的淬炼，意味着在新的一年里消除各种灾难。会场中央，矗立着两根约20米长的粗大木杆，木杆上绑有36把锋利的长刀，刀口向上，银光闪闪，形成一架高得让人生畏的刀梯。就在人们敬畏担忧之时，上刀杆必不可少的祭祀开始了，几个穿着红衣裳、头戴红包头、光着脚的勇士，健步来到刀杆下，跪在一幅古代武将画像前，然后双手举杯过头，口中念念有词，接着将酒一饮而尽。然后，他们纵身跃起，轻盈敏捷地爬上刀杆，双手握住刀口，双脚踩着刀刃，鱼贯而上。爬刀杆的人，大多经过长期的训练，有一套特殊的本领。爬杆开始时，表演者齐涌到杆下，围绕刀杆唱歌跳舞，随即纵身跃上刀杆，双手握住刀口，脚踩锋利的刀刃，像爬梯子一样逐级向上攀登。此时，场上鸦雀无声，人们聚精会神地观看着勇士们的表演。他们在杆顶做各种惊险的表演，还从腰里掏出一串鞭炮，当众燃放，刹那间，鞭炮声响彻云霄，人群沸腾起来，把气氛推向高潮。最先爬上顶端的人，还要做高难度倒立动作，燃放鞭炮。几千名观众仰首观望，不时爆发出阵阵喝彩声。这一古老而又奇特的"刀杆节"，已被正式定为傈僳族的传统体育活动。

　　其实，许多民族体育项目都与原始宗教祭祀活动有着密切关系。与"上刀山，下火海"一样，佤族的拉木鼓亦属此类。过去，佤族笃信原始宗教，每年都要照例举行多次大型的"祭鬼"仪式，于是木鼓就成了一种独特的祭祀工具。拉木鼓是一项整个村寨人都要参与的盛大活动。传统的木鼓以红椿、红色树为原材料，长约200厘米，直径约70厘米，鼓身挖一条长约150厘米、宽约15厘米的直槽，中间掏空，槽两侧各刻一鼓舌，鼓舌周围留有空隙，起共鸣作用。每个佤族村寨都至少有一对以上的木鼓，较小者称"公鼓"，较大者称"母鼓"，供奉于专门的木鼓房中，置于两根横木之上，以防潮湿。较大的村寨，有数个木鼓房和数十个木鼓。一两年就要更换新木鼓。制作新木鼓时，需要从森林中拉回一段大树干，称之"拉木鼓"。拉木鼓是佤族人民生活中的一件大事，一般在阳历 1 月进行。届时，魔巴（巫师）鸣枪并敲击召集村寨群众，举行祭祀和剽牛活动。制作木鼓，要 6~10 天时间。古往今来，佤族人民把木鼓当作灵物崇拜，认为敲木鼓可以通神灵、驱邪魔、降吉祥。以前，遇有战争等紧急事态时，就用木鼓示警集众；猎手捕获虎豹等野兽，也要击鼓表示敬意。逢年过节或宗教祭祀之时，木鼓更是振奋人心的乐器。当人们用大木棒敲打鼓身时，可以发出 4 种不同的音响（多为一人敲打，也可数人合击），铿锵有力，节奏交错，形成了一种特定的"鼓语"。20 世纪 70 年代以后，佤族木鼓经过改制，逐渐成为健身娱乐工具。

"目脑纵歌"，意为"大家来唱歌跳舞"，是景颇族具有悠久历史的大型歌舞盛会。相传在久远的年代，只有太阳的子女才会跳目脑纵歌。景颇族的祖先宁官娃天资聪颖，决定将目脑纵歌移植人间，并在祖宗山脚划出一块平坦开阔的坝地，举行了人间第一次目脑盛会。这个盛会给乡亲们带来了欢乐，迎来了人畜兴旺，五谷丰登。从此，景颇人为了纪念祖先宁官娃和祈求平安幸福，在每年初春农历正月十五、十六两天举行一次盛会。正月十五日，朝霞映红了景颇山，目脑场已是红旗飞扬，人流熙攘。4 根高约 20 米的目脑矗立在场地中央。柱上绘有各种彩色的传统图案，如路线图、大刀、正三角形等，以象征吉祥、幸福、团结、勇敢。10 时许，节日开始，礼炮、象脚鼓、铓锣、短笛齐鸣，人们兴高采烈地相互敬酒、交换礼物。两位德高望重的老人，身穿大龙袍，头戴插有孔雀、野鸡羽毛和野猪牙齿的目脑帽，带领队伍绕场地一周，向目脑柱做前后左右礼拜，表示朝拜祖先和祈求平安与风调雨顺之意。舞池中，妇女手持彩帕、彩扇、花伞，身着盛装，衬托出景颇族妇女热情、活泼的性格。轻盈的舞姿又显示出她们的娇美。小伙子头戴英雄结，肩挎银饰彩包，手持钢刀，那剽悍的英姿、矫健的舞步，显露出他们的英武与坚强。整齐的队伍在"脑双"（领舞人）的带领下，按照目脑柱上的花纹线路盘来复去，仿若游龙一般。

阿昌族信仰小乘佛教，节日很多，大都与佛教有关。会街节是户撒和腊撒地区的传统节日，耍青龙、玩白象是会街节期间最隆重、最精彩的娱乐活动。会街这天，当天空霞光初露，小伙子们便身背户撒长刀，挎着象脚鼓，而姑娘们身着娇艳的民族服装，在鼓乐和鞭炮声中簇拥着披红挂绿的青龙、白象进入会街节广场。当主持节日的长者宣布节日开始，顿时，鼓声、铓锣声等交织成一片，青龙、白象也活跃起来。青龙时而摇头，时而摆尾，时而张嘴欢笑；白象时而甩动长长的鼻子，时而前进，时而后退，接着滑步、下跪、后仰、前倾，笨拙的憨态引起人们的阵阵哄笑。此时，姑娘小伙子们便围着青龙、白象翩翩起舞。他们双脚跳跃挪动，身体像波浪般地起伏，边跳边蹲。此时的会场，鼓乐齐鸣，龙舞、象跃，一片欢腾。扎制青龙、白象并不是一件简单的事，老艺人先用木头做架子、纸糊身，布做象鼻和龙头、龙尾，要结实、轻巧、形象。耍青龙、白象时，人藏在龙身象肚子里，有的人负责抬龙、搬象，有的人专门负责扯动龙头、龙尾和象鼻，所以青龙就能抬头、张嘴、闭嘴、摆尾，白象就会上下左右甩鼻子了。

独龙族过年，常举行祭山神、射面兽、走亲访友和歌舞会等多种娱乐活动，其中最隆重、最欢乐的是"剽牛宴"。宴会由村中的长老将牛带入广场中央开始，青年妇女争先恐后跑去为牛披挂珠毯。此时锣声响彻云霄，两名勇敢的剽牛士每人喝三碗米酒，雄赳赳地走出人群，他们手持长矛猛地向牛的两肋刺去。牛大跌大撞，群众围成一个大圆圈为勇士呐喊助威，并做出驱赶野兽的舞蹈动作。牛越是跌跌撞撞，场上的情绪越是激烈，几刺之后牛扑倒在地，人群中发出胜利的欢呼。两位剽牛者割去牛头，当场割煮牛肉，分给在场的每一位观众。大家边吃边喝，载歌载舞，使剽牛宴达到高潮。剽牛舞会是古代狩猎生活的缩影，也是捕获归来、庆祝胜利仪式的再现。

布依族的"毛花包"，苗族的"抛荷包"，以及不少民族都喜欢的"磨秋""车秋"等传统体育活动，是少数民族青年男女选择佳偶，表达爱慕之情的社交活动方式。而纳西族的"东巴跳"，侗族的"抢花炮"，景颇族的"目脑纵歌"，京族的"跳天灯"，白族的"绕三灵"，傣族的"赛龙舟"等，已经摈弃了原有的宗教祭祀内容而演变为娱乐健身活动。

推杆比赛是羌族地区最为普遍的一项体育活动。比赛时，只需要一块两丈见方的平地，器具为一根长约一丈、手臂一般粗细的木杆。比赛中，一人紧握一端，并将木杆骑在两腿之间作为防守；另一人则握着木杆的另一端，用力向前推，作为进攻。攻守双方面对木杆须保持水平，不能上下摇摆或忽然猛推。进攻的一方必须将木杆向前推至两尺以外的界线处才算获胜，否则被判失败。裁判由村寨的长者或有威望者担任，以击掌五次限定一个回合的时间。比赛结束后姑娘们抬出一坛坛醇香的咂酒，首先向胜利者敬上一碗，然后众人以细管吸饮，以示庆贺。推杆比赛由于防守的一方较为省力，进攻者可逐渐增加人数，直至胜利。比赛时，围观者以呐喊声为之助阵，使比赛显得十分紧张热烈。

珞巴人以擅长在原始森林中狩猎而著称。头戴熊皮帽、肩挎竹箭筒、腰拴长刀、手挽强弓、短裤赤脚、行走如飞的珞巴人一生有一大半时间在跟踪野兽的路途上度过。珞巴族男子一生用于狩猎的时间占去 40 年左右，一年中占去 5 个月时间，其狩猎工具是弓箭和火枪。每个男子都是优秀的射手，在百米以内射无不中，有时他们还用挖陷阱、设地箭、做暗套和铁夹等办法捕捉猎物，成功率相当高。佩带长刀是珞巴族男子的嗜好，弓箭更是珞巴族男子不能离身之物，是狩猎的主要器件。珞巴人制作弓箭的技艺很高，使用弓箭的本领十分娴熟。珞巴人从幼儿时就开始学习射箭，并对弯制竹弓和削制箭杆很有讲究。制弓不但要选择竹种、竹龄，而且对弓长、厚薄都有固定的规格，箭杆、箭镞和箭羽的选材、制作工艺也很精细。善射是勇敢猎手的象征。一位勇猛出色的年轻猎手，会得到漂亮姑娘的垂青。谁家生了男孩，四邻亲友以弓箭为礼祝贺。建造藤网桥时，人们隔河射箭，箭尾拖曳绳索，把藤索、棕索和竹索带过宽阔湍急的河面。逢年过节，射箭比赛更是一项最受欢迎的娱乐活动。

藏族的传统体育活动是在过年或宗教节日时进行的。据《清稗类钞·技勇类》记载，西藏历来就有赛跑、赛马、骑射、爬绳、爬竿等习俗，技艺出色者，还会受到达赖喇嘛的赏赐。摔跤和举重活动在草原上盛行，妇女参加摔跤的风气流传至今。目前在西藏最早建立的桑耶寺（唐大历十四年）的壁画中，还可看到摔跤、赛跑、赛马、举重、射箭、游泳等生动的艺术形象。在预祝丰收的"旺果节"中，藏胞盛装结队，骑马到田野巡游，他们也举行赛马、射箭等传统体育活动。藏族猎人和门巴族、珞巴族猎手一样，都是善射的勇士。藏族人有一种奇妙的响箭，称为"碧秀"，据说是为了英雄格萨尔王战胜妖魔而发明的。这种箭的箭头粗大并带有小孔，箭射出后空气流穿孔内发出悦耳的响声。参加比赛的选手胜了可得到洁白的哈达，没射中目标的则要罚酒一杯。西藏素有"歌舞的海洋"之称，人人能歌善舞。果谐舞与锅庄舞是西藏流行的集体圆圈舞。舞者手拉手、臂连臂，男一排、女一排，边歌边舞，顿地为节，分班和唱。鼓舞与热巴舞，舞者则身穿彩衣，腰挂大鼓，舞动鼓槌，忽追忽退，步伐富有节奏有力。还有堆谐舞、勒谐舞等，或重脚下功夫的踢踏舞，或扣胸挟臂的浪漫舞，或边唱边跳，即兴模仿撒种、拔草、收割、捻羊毛、纺线、挤奶、取酥油等各种劳动动作。戴着色彩斑斓的面具、边演边唱的藏戏也别有一番神韵。藏族的游艺活动也非常丰富，尤其是藏族赛马会，更是流行于广大藏族地区的一种体育盛会。飞马拾哈达、马上杂技、摔跤、马上射击等，都是很受欢迎的传统体育项目。

赛牦牛是藏族的传统体育项目，由经验丰富的牧民驾驭性情暴躁的牦牛进行赛跑，原在每年的 11 月 25 日进行，现在改在望果节（秋收前）。牦牛是青藏高原的生产运输工具。赛牦牛在牧区和半农半牧区比较盛行。参加比赛的牦牛配上各种颜色的鞍具，骑手挂上醒目的号码，闻令后群牛齐奔，蹄声隆隆，牦牛身上飘拂的长毛驱散了高原奇寒，为比赛增添了雄壮的声威。新中国成立后，赛牦牛活动得到了很大发展，参加人数增多，队长度增长为 2000 米，以时间来计算名次。这一天，农牧民带着青稞酒、酥油茶和牛羊肉，穿上节日的盛装，把牦牛打扮起来，兴高采烈地参加一年一度的赛牦牛比赛。开始以区乡为单位，参加的牦牛有五六十头。现在有些地方已经扩大到以村寨为单位，参加比赛的牦牛增加到 150 多头，取前 10 名。采取时间记分法以后，比赛成绩有了很大提高，一般 2000 米赛跑所用时间为 8 分钟左右。

古朵是一种投掷运动。藏族牧羊人用毛线或牦牛皮制成一条软鞭，软鞭中间一段可包住一小块石头。使用时，手提软鞭，套上石头，快速旋转几圈，将石甩出，可以打得很远，但更要求打中目标。这原是牧民放牧牲畜时的一种工具。1904 年，江孜人民在抗英保卫战中，曾用古朵做武器，把英国侵略军打得狼狈不堪，英军当时传说这是一种长眼睛的子弹。

打古朵也可以举行比赛，藏文史书中记载有两种形式：一是将四五个牦牛角叠起来，再放上一石块，古朵甩出的石头将石块打掉，而牦牛角堆不垮者为优胜。二是打染成红色的牦牛尾巴，也是看其打的准确性。现在比赛，主要是打靶，打气球。

对少数民族的传统体育有所了解后，我们发现，地广人稀的少数民族地区，节日集会时进行的传统体育活动，是一种增强团结的社会交往方式。同族人借此聚会，讲授本民族的历史故事，举行宗教祭祀和纪念活动，或便于男女青年择偶，或交流物资互通有无……大家载歌载舞，纵情欢娱，久而久之，相沿成俗。少数民族传统体育散发着草原的芳香，传播着森林的气息，展现着水乡的风情，显示着高原的神奇，它那浓郁的民族风格和独特的地方色彩被越来越多的人所喜爱。目前，不少项目已极大超越了原来的活动范围，为繁荣人类的体育文化做出自己的贡献。

第三节 当代我国少数民族传统体育的繁荣

中国文明是代表世界人口最多的东方文明。中国自古以来就有统一的民族文化基础。历史上各民族的交往、冲撞和纷争，最终给中国文明带来了丰富的新鲜血液，为中华文明增添活力。具有深厚底蕴的汉民族文化对异族文化有着异乎寻常的同化力，它使一些少数民族最后也融入在自己大一统的文化中，而这种大一统的文化鲜明体现出共性太多而个性不足的特征。作为一个完整的中华传统体育概念，需要丰富多彩的少数民族传统体育形式加以补充。当代我国民族体育的发展，当以少数民族传统体育活动的繁荣最富有代表性，其中尤以全国少数民族运动会为显著特征。

全国少数民族传统体育运动会，是经国务院批准，由国家民委和国家体委联合主办、地方政府承办的全国性民族体育运动会。运动会的宗旨是：发展民族体育，增强民族体质，加强民族团结，振奋民族精神，为社会主义精神文明和物质文明建设服务。

中华人民共和国少数民族传统体育运动会，是在1953年举办的全国民族形式体育表演和竞赛大会的基础上发展而来的。1953年举办了全国民族形式体育表演和竞赛大会，但很快陷入沉寂，直到1982年重新举办全国少数民族传统体育运动会，其间经过了漫长的30年的停顿。

由于历史原因，重视民族体育是改革开放以后的事。在新的历史时期，为了深入贯彻落实民族政策，进一步继承和发展民族民间传统体育，增强各族人民体质，为改革开放和社会主义建设服务，经国务院批准，全国少数民族传统体育运动会由国家民族事务委员会和国家体育运动委员会联合主办，由地方承办，每4年举行一届。截至1999年，已分别在天津、内蒙古、新疆、广西、云南、北京和西藏等省区市举办了6届少数民族传统体育运动会（第六届由北京市人民政府承办，在北京举行；同时在拉萨设分赛场，由西藏自治区人民政府承办）。

历届全国少数民族传统体育运动会简介如下：

一、第一届全国少数民族传统体育运动会

新中国成立不久，党和政府对各民族民间传统体育活动十分重视。1953年11月8

日至 12 日，国家在天津市举办了全国民族形式体育表演及竞赛大会。参加第一届民族形式体育表演及竞赛大会的民族有满族、蒙古族、回族、藏族、苗族、维吾尔族、哈萨克族、塔塔尔族、傣族、朝鲜族、纳西族、汉族等 13 个民族的 395 名运动员，他们分别来自华北区、东北区、西北区、中南区、西南区（包括西藏）和内蒙古自治区、解放军及铁路系统等九个单位。竞赛项目有：举重、拳击、摔跤、短兵和步射；表演项目有：武术（分棒术和器械等 383 项）、民间体育（分石担、石锁、弓箭术、弹丸、爬杆、跳板、木杠、皮条、沙袋、地转、跳桌、筋斗、叠罗汉、大武术、五虎棍、打术、跳术、跳绳、飞叉、中幡等 22 项）、骑术（各种马上技巧表演 9 项）三大类；特邀表演有：马球、蒙古式摔跤、狮舞、杂技等。其中维吾尔族的达瓦孜（踩绳）、蒙古族的摔跤、朝鲜族的跳板、回族的武术以及内蒙古骑兵的马术等少数民族项目给人留下了深刻印象。竞赛项目中有 10 名举重运动员创造了国家历史新纪录。来自全国各地的观众达 12 万人次。运动会闭幕后，又挑选了 90 名优秀运动员进京连续表演了 31 场，受到观众的热烈欢迎。1984 年，国家体委、国家民委将这次体育运动会定为第一届全国少数民族传统体育运动会。

二、第二届全国少数民族传统体育运动会

1982 年 9 月 2 日至 8 日，由国家体委、国家民委主办，内蒙古自治区人民政府承办的第二届全国少数民族传统体育运动会，在内蒙古的呼和浩特市举行。本届运动会历时 7 天，共 29 个省、自治区、直辖市的 56 个民族的 863 名运动员和教练员参加，其中少数民族运动员 593 人。体育大会分设竞赛项目和表演项目两大类。竞赛项目有：射箭邀请赛和中国式摔跤。来自内蒙古、新疆、西藏、青海 4 个省区 5 个民族的 24 名运动员参加了射箭的角逐并获得了优异成绩。15 个省、自治区、直辖市的 13 个民族的 56 名业余摔跤运动员参加了 4 个级别的中国式摔跤比赛，涌现出一批优秀的摔跤人才。表演项目有 68 个，分别由 26 个省、自治区、直辖市的 46 个少数民族的 800 多名运动员进行表演。这些各具特色、异彩纷呈的民族表演项目，引起了 80 多万观众前来观看。

三、第三届全国少数民族传统体育运动会

1986 年 8 月 10 日至 17 日，由国家体委、国家民委主办，新疆维吾尔自治区人民

政府承办的第三届少数民族传统体育运动会，在乌鲁木齐市隆重举行。本届运动会首次启用了会徽、会旗、会标。这标志着少数民族传统体育运动会逐步走向规范化。参加本届运动会的有来自全国（除台湾省外）30个省、自治区、直辖市的55个少数民族的运动员、教练员和工作人员，另外，还有各省、自治区、直辖市组成的观摩团以及特邀代表、中外记者、港澳同胞和外国友人等，总人数达3074人，远远超过了上届。本届运动会设7个竞赛项目和115个表演项目。竞赛项目除保留上届摔跤、射箭外，增设了赛马、叼羊、射弩、抢花炮、秋千5个项目。表演项目比上届增加了47项。由于本届运动会制定了较为科学的比赛规则，参赛运动员的技术水平得到了较好发挥，各代表团都取得了较好的成绩。运动会期间，国家民委、国家体委联合表彰了一批民族地区体育先进单位和个人。

四、第四届全国少数民族传统体育运动会

1991年11月10日至17日，由国家民委、国家体委主办，广西壮族自治区人民政府承办的第四届全国少数民族传统体育运动会，在南宁市隆重举行（其中马上项目由内蒙古自治区人民政府承办，于1991年8月4日至7日在呼和浩特市举行）。运动会历时8天，有来自全国30个省、自治区、直辖市55个少数民族的1530名运动员和各民族的教练员、工作人员、观摩人员、少数民族体育先进地区和单位的代表及中外记者共3000多人参加。台湾省少数民族龙舟队和少数民族传统歌舞艺术团，第一次参加了全国民族运动会的比赛和表演。本届运动会设竞赛项目和表演项目两大类。竞赛项目共9项：龙舟、抢花炮、秋千、射弩、珍珠球、木球、摔跤、赛马和武术，设金牌34枚；表演项目124项，设奖114个。本届运动会不仅在竞赛项目和表演项目的数量上超过了历届水平，而且制定了较为科学、系统的总规程、竞赛项目规程和规则、表演项目评判方法，这无疑使本届运动会又朝着规范化的方向迈进了一大步。大会还增设了"道德风尚奖"。运动会期间，召开了民族体育表彰会，国家民委、国家体委联合表彰了一批为发展少数民族地区体育事业做出突出贡献的先进地区、单位和个人。

大会期间还举办了"全国少数民族体育图片展览"，来自全国各地的12家艺术团体，为各族群众演出了30场文艺节目。

五、第五届全国少数民族传统体育运动会

1995 年 11 月 5 日至 12 日，由国家民委、国家体委联合主办，云南省人民政府承办的第五届全国少数民族传统体育运动会在昆明市举行。本届运动会历时 8 天，其规模和设项均超过了以往各届。来自全国各省、自治区、直辖市的 55 个少数民族的运动员和各民族的教练员、裁判员、工作人员、观摩人员、少数民族体育先进代表及新闻记者共 3467 人参加。中国人民解放军、新疆生产建设兵团首次组团参赛。台湾省少数民族组团参加了龙舟竞赛。大会还邀请了部分港、澳、台同胞前来观摩。本届运动会设竞赛项目和表演项目两大类。竞赛项目有抢花炮、珍珠球、木球、毽球、摔跤、秋千、武术、射弩、龙舟、赛马、打陀螺 11 项，设金牌 65 枚；表演项目有 129 项，设一、二、三等奖，另设"体育道德风尚奖"。

运动会期间，国家民委和国家体委联合表彰了一批为发展少数民族地区体育事业做出突出贡献的模范集体和模范工作者。在云南民族村举行了民族大联欢，同时还举办了"全国少数民族传统体育摄影艺术展""民族团结艺术灯展"和焰火晚会等文艺活动。

六、第六届全国少数民族传统体育运动会

1999 年 9 月，由国家民委和国家体育总局共同主办的中华人民共和国第六届少数民族传统体育运动会在北京举行，并在拉萨设立分赛场。来自全国各省、市、自治区、中国人民解放军、新疆生产建设兵团及邀请的 56 个民族的共 4500 余名体育健儿欢聚一堂。由于本届运动会欣逢中华人民共和国成立 50 周年庆典，又正值西藏自治区民主改革 40 周年，因此有着非常特殊的意义。第六届全国少数民族传统体育运动会设 13 个比赛项目和 157 个表演项目。其中部分比赛项目和表演项目在拉萨分赛场举行。运动会期间，两地分别举办了民族文化节、民族艺术周、民族大联欢和民族题材摄影展等一系列文化活动，同时表彰一批为民族体育事业做出突出贡献的先进集体和个人。

第六届全国少数民族传统体育运动会是 20 世纪我国举办的最后一次大型综合性体育运动会。1999 年是中华人民共和国成立 50 周年，也是西藏自治区民主改革 40 周年，又是 20 世纪的最后一年。因此，在祖国的首都北京和西藏自治区的首府拉萨举办本届运动会，其意义显然非同一般。

改革开放的 40 多年，中国的少数民族体育受到前所未有的高度重视，省一级的民族运动会此起彼伏，全国性的民族运动会几年一次，已经逐步形成了较正规的竞赛制度；另外，许多省、自治区、直辖市体委还把民族体育资料的挖掘整理纳入工作范围，陆续出版了一些书刊；学者也开始对少数民族传统体育研究产生浓厚兴趣，出版专著并编写教材，力图使民族体育的发展走上科学的发展轨道。

第四节 少数民族传统体育的价值评估与项目种类分析

我国少数民族传统体育历史悠久，源远流长，具有十分鲜明的特点和丰富多彩的形式。从其特点来看：一是与生产劳动相结合，有着鲜明的从业特点。例如：从事牧业的蒙古族、藏族、哈萨克族、塔吉克族等，由于生产需要而必须精骑善射，于是便产生了马术、飞马拾银、跑马射箭（射击）、马上摔跤、赛马、叼羊、"姑娘追"等马上竞技运动；而从事农业或以农业为主兼营狩猎、采集的民族，其传统体育便大都是爬山、摔跤、角力、跳跃、射弩、射箭以及手上技巧等运动。二是与风俗习惯紧密相连，并且许多项目都是通过风俗习惯的沿袭而流传发展的，这反映在节日、喜庆等习俗上尤为突出。例如：蒙古族的传统节日"那达慕"，摔跤、赛马、射箭三项竞技是其必不可少的内容；藏族在藏历年和"望果节"都要举行角力、投掷、拔河、跑马射箭、赛牦牛等体育活动；另如傣族泼水节划龙舟、水族端午节赛马、瑶族"六月六"游泳、彝族火把节摔跤、侗族"三月三"抢花炮等，都已成为传统。三是许多活动项目都与歌舞艺术融为一体。例如：黎族的"跳竹竿"、彝族的"阿细跳月"、景颇族的"目脑纵歌"等，都是在载歌载舞中进行的；苗族的"跳芦笙"是将歌舞、音乐和运动技巧紧密结合，维吾尔族的"达瓦孜"是在鼓乐声的伴奏下完成的，而壮族、傣族、布依族的"抛绣球""甩糠包"也都是以对歌的形式开始。四是场地、器材简便易行，山坡、河流、场院、沙滩、草地等都可成为项目的表演和比赛场所，所需器械用品，大多是生产、生活用具或可就地取材自制而成的，不需花费很多的财力和物力。

少数民族体育是传统文化的一部分，它代表悠远年代的遗存；同时，少数民族传统体育又是剖析体育起源和发展各阶段诸形态的活化石，是挖掘和创造新的体育项目和形式的源泉，是一笔特殊的宝贵财富。在人类文化的原始积淀期，我们现在分得很清楚的门类，在那时是融合在一起的。因此，在某种对象中，可以发现诸种原始成分——

宗教、艺术、教育，当然还有体育，它们是混沌的、朦胧的，具有萌芽和本源的意义。民族体育对于研究人类物质文化与精神文化的起源与发展的规律有着不可估量的价值，仅在精神文化方面就涉及绘画、雕刻艺术、神话传说故事、宗教信仰、舞蹈、谚语、风俗习惯等，范围相当广泛，是剥离和分析原始文化的利器。中国的少数民族在半个世纪以前，生活在石器时代以及至今的不同社会形态，丰富多彩的传统体育连接成历史的文化层。研究民族体育，不仅向人们展示与原始体育有关的奇风异俗，而且通过剖析各民族的传统体育文化，寻求结构和功能的全球性差异，推动人类体育事业的协同可持续发展。

西方近现代体育传入后，我们所接触的体育文化，基本上属于西方文化的范围，并不包括东方文化。中国传统体育和西方近代体育分属两个不同的文化系统。这两个文化系统当然有其共性，有其相通之处，但更具特殊性。而包括西方体育在内的西方文化并不是十全十美的。西方体育不能完全取代东方传统体育，也不能把中国的传统体育视为西方体育的分支，或是对西方体育的补充。

文化冲突是文化融合的前奏，如佛教的传入及其与儒道的融合，经过了长期过程。西方体育与东方民族体育的互补共存，也需要时间。现在越来越多的人认识到，要使体育学真正成为国际性的学科，必须具有多元文化的视野，补充东方民族体育的独特体系，使体育的理论研究上升到文化研究的层次。

文化多元化是顺应经济全球化的产物。500年来在欧洲中心论统治的时代，经济尚未全球化，世界的基本主流文化是西方中心主义，谈不上文化多元化；今天随着各民族各国家之间各种壁垒的拆除，许多过去被认为是落后的民族文化得到理解和承认，才有了各个不同文明之间的对话，才有了所谓跨文化，才有了文化多元化的前提。

从人类学的角度来看，所有的民族和文化都同样是值得研究的。按这个逻辑也可以说，所有民族的传统体育都是值得研究的。自我中心主义拿自己的标准去衡量别人，会导致很大的失误。在国外，少数民族传统体育很早就是人文社会学科研究的对象。人类学家对此感兴趣的原因在于，将各民族的传统体育作为社会文化生活的浓缩点，可折射出各民族发展的轨迹。文化的多元一体，与我们保持生物的多样性一样，是人类社会可持续发展的基础。民族体育的人类学研究成果，国际上对其学术价值一向是认同的。

我国在奥林匹克运动中已经取得了辉煌的成就。目前着眼于发展群众体育、增强民族体质，顺应了跨世纪的社会需求。对一般群众来说，大多数高超水平的竞技运动项目仅满足于观赏。因此，发展传统体育，促进全民健身，是使中国体育事业达到21世纪水准的有力举措。一项传统体育活动的价值并不仅仅在于它是否能成为奥运会项目。

世界各民族都有悠久的体育文化，它们与国际流行运动项目的方法、结构不同，但有不容忽视的文化价值。各民族丰富多彩的传统体育，是各民族文化的组成部分，也是世界文化的组成部分。如果不对这些宝贵的文化遗产加以挖掘、继承和发扬，它们就有丧失的危险。目前世界上广泛流行并极受重视的若干种竞技项目并不能代表全人类的整个体育。要使体育不仅成为少数竞技天才和多数观众的世界，而是有更多的身体力行者投入锻炼体魄的广阔天地，就更应该注重区域性的传统体育活动蓬勃发展。只有各国传统体育与国际性的体育活动相结合，妥善继承和发展人类宝贵的文化财富，才能为现代体育的发展道路寻求到最佳途径。今天，东亚的许多国家随着自身经济实力的增强，已不再满足于在国际体坛上从源于西方的竞技项目中去摘取奖牌，同时还想发掘自己的传统体育，把代表本民族文化的运动项目推向世界。奥林匹克文化本身也需要不断地吸取包括少数民族在内的各民族体育文化这一新鲜营养。

中国少数民族传统体育这块蕴含深厚的民族文化宝藏，对于弘扬东方体育文化、发展人类所共有的体育事业的价值，需要认真评价。从中国少数民族传统体育的形式来看，大致可分为空中运动、马上运动、水上运动和陆上运动四大类。空中运动主要有秋千（一人秋、二人秋、四人秋、八人秋、磨秋、轮子秋）、跳板、沙哈尔地（空中转轮）和达瓦孜等；马上运动主要有赛马、马术、马球、跑马射箭（射击）、飞马拾银、马上摔跤、跳马、跳骆驼、姑娘追、赛骆驼、赛牦牛等；水上运动主要有赛龙舟（船）、赛皮筏、游泳比赛、潜泳比赛、水中捉鸭子和踩独木滑水等；陆上运动更是门类繁多，有摔跤、角力、登攀、跳跃、射弩、射箭、投掷、球类、武术、技巧等，而且每个门类项目众多，别具一格。

1990年国家体委组织各省、市、自治区在全国范围内挖掘整理传统体育，出版了《中华传统体育志》，搜集到55个少数民族的676个传统项目，还有301个汉族的民间体育项目。此外，各地区也陆续出版了一些有关民族体育方面的书籍。

少数民族传统体育项目，体现了不同社会形态的遗痕（如珞巴族原始时代的弓箭）；反映出不同的地域特点（如牧区的马术）；也是表现各民族不同特征的形式（如藏族的赛牦牛）。从文化人类学的角度看，绚丽多彩的传统体育活动与种族繁衍、生产劳动有关，还有许多带有军事性的身体活动。与种族繁衍有关的活动，如我国西南许多民族的丢包和秋千、黎族的跳竹竿、侗族的哆毽、哈萨克等民族的姑娘追、羌族的推杆、朝鲜族的跳板、旧时汉族妇女的走夜等。与生产、抗灾等有关的活动，如回族的掼牛、蒙古族的打布鲁、高山族的斗走、瑶族的跳鼓、苗族的划龙舟、白族的耍海、高山族的竿球、赫哲族的叉草球等。与军事有关的活动，如许多民族的射箭、武术、摔跤等。

古老的项目作为原生形态的民族体育游戏，构成了少数民族传统体育在其原始发展阶段的主体。从形式上看，它们多少带有原始宗教和巫术的色彩，并已逐步仪式化。从本质上看，它们更多地反映了人与自然的关系和人对自身来源、自身力量的朦胧认识。就其功能而言，原始民族（部族）试图通过这些逐步仪式化了的身体活动，实现自身与主宰自然的某种神秘力量之间的交流、互渗，进而获得某种力量、结果或实现某种角色认同。因此，这些身体活动对于古代民族（部族），乃至对于至今尚未完全脱离蒙昧状态的土著部族的生存和发展，都具有重要的含义。在告别了自己的原始阶段先后进入阶级社会的民族中，上述那些原生形态的身体活动并没有消失，而是转化为民俗活动的一部分被延续下来，交织在各民族文化中。在此期间，少数民族传统体育中那些形形色色的身体活动所反映的，已不仅仅是人与自然的关系，而是日渐带上了寓意丰富的人文色彩。少数民族传统体育的功能，也逐渐演变为促进民族认同，即参与民族共同体的形成。活动的形式和内容，也日益明确地与本民族起源、复兴、发展等有关的历史或神话人物联系在一起。这在南方许多民族的赛龙舟、彝族火把节、傣族泼水节的竞技活动等传统体育中反映得相当清楚。这就使得传统体育活动中的民族文化特征显现强烈，甚至形式上大体相同的竞技活动却往往具有完全不同的文化含义，并进而使这些竞技活动本身也呈现出一些细微却很重要的差别，如南方各族在秋千、龙舟赛和北方民族在赛马、射箭、摔跤等活动中所表现出的情况就是如此。

少数民族传统体育活动在维系种族繁衍方面，始终是主要的，有时甚至是唯一的媒介作用。许多尚未进入现代生活的民族，在出生、成年、交往、恋爱、婚配直至死亡的人生旅途中，常常伴随着特定的民俗活动，其中传统体育活动的地位常常引人注目。从总的趋势看，这些活动包含的原始宗教色彩逐渐淡漠，日益变得世俗化。只是那代代相沿不改的仪式使人们可以略略窥知其昔日所有的神圣色彩。在这个时期，少数民族传统体育的地域性和传承性这两个基本特征日益鲜明。年复一年、代代相传的那些特定身体活动，不仅是民族物质、精神和社会生活的重要组成部分，而且发挥着维系民族生存和团结的重要作用，而且逐渐内化为一种民族性格的象征。人们在西北民族的摔跤、赛马，朝鲜族的秋千、跳板，西南各族的丢包，东北民族的曲棍球和叉草球等活动中，看到的不仅是千姿百态的身体活动，还有其中表现出的各具特色的民族性格。

第五节　少数民族传统体育研究进展

19世纪后半期，作为一门新兴学问，文化人类学一开始就将少数民族传统游戏和体育萌芽作为主要研究内容之一。早期的人类学者中，不少人对少数民族传统体育表示出较多的关注。当时是古典进化论占主导地位的时期，伴随着达尔文和赫胥黎等人的生物进化论产生的巨大影响，斯宾塞的哲学和社会理论为人类学直接引进了进化论思想。

进化论者坚持人类心理的一致性（psychic unity），指出所有的社会都要经过从野蛮到文明的历程。与这种思想相对应，他们提倡残余（survival）分析法，认为文化中有许多旧时代的遗留事物，它们已没有实际的用处，但从中可以反映出人类文化的演化。其中对后来的少数民族传统体育研究产生较大影响的，当首推英国的早期文化人类学家泰勒（F.B.Tylor），他在1871年出版的《原始文化》中发表的"残存"概念，给了研究者们启发和影响，也对有关未开化人群的游戏和体育萌芽进行研究，起了很大的作用。

从传统体育游戏活动的角度出发，利用实际的调查研究，可以折射出某些民族的独特观念及其变化。如中国最早的竞渡几乎均为祭水神，后来在汉族中演变为纪念文人屈原，而苗族却保持了原始的祭奠龙的古老仪式。即便在今天赛龙舟已成为全国性的比赛项目，傣族、白族的龙舟比赛仍然遗留着传统风味。

荷兰文化史学家豪伊津格在"残存"起源说和格鲁茨等人的游戏说基础上，做了进一步的探讨。他认为，今天的某些竞技和游戏形式，在未开化社会中，是作为一种礼仪和劳动形态存在着的。在马林诺夫斯基以后，人类学家自己撰写的民族志（ethnography）开始逐渐取代了旅行家、传教士、海员等人的游记、书信、日志。如今，随着民族志资料的积累，人类学家已能在更大的范围内开展文化的比较。其中，美国人类学家默多克（G.P.Murdock）建立的人类关系区域档案（Human Relations Area Files，简称 HRAF）将世界各地的民族志分类整理并进行系统编码。目前这种编码建档的方式已与电子计算机技术结合起来，极大地方便了跨文化的比较研究。

外国学者在研究少数民族传统体育时，全面引进了人类学的理论模型。人类学的理论模型一般可以分为两种类型——解释（explanatory）模型和说明（interpretive）模型。解释模型是一种提出因果关系的明确的"科学"模型；而说明模型为观察者理解事件或行为提供了不同的视点。解释模型：解释模型包括进化论（evolutionism）、功能主义（functionalism）、结构—功能主义（functionalism）、文化唯物主义（cultural-materialism）、冲突理论（conflict theory）等。

说明模型：说明模型并不像解释理论模型那样要分离出因果关系或做出解释，而只是提供一个理解问题的视点。它包括象征人类学（symbolic anthropology）、文化相对论（cultural relativism）、整体观（holism）、种族科学（eth-noscience）、解构主义（deconstructionism）等。

由于传统体育往往长期被封闭在民族传统文化的躯壳中，这无疑决定了一个民族的传统体育方式作为整体，尤其是它所蕴含的文化和价值观念不可能很快被其他民族全盘接受，甚至在一个民族被另一个民族所征服和同化的极端情况下，被征服民族的传统体育方式也会在新的民族共同体中顽强地有所体现。这就是泰勒的"残存"理论所揭示的现象。因此，在民族间长期频繁的交往中，最常见的情况是：个别运动方式被另一民族所吸收，但它的文化内涵却往往被舍弃。中国近代引进西方近代体育，却忽视它的人文精神，这既是出于"中体西用"的功利需要，也是传统文化抵触的必然结果。它导致的负面效应是对民族体育表现的多元文化的压抑。事实上，与民族融合、同化的情况相似，两个民族间传统体育活动差别的消失，常常意味着它们之间文化差别的消失。处于经济和文化优势地位的传统体育方式，将形成主要的体育文化传播潮流。

一个民族的物质生活条件、历史发展、地理环境的特点在精神面貌上的反映，可以称为民族性格或共同心理状态，它具体表现于民族的生活习俗（如衣、食、住、行、娱乐、竞技、礼仪、婚葬等）和宗教活动中。传统文化对体育的影响，主要表现于某一时代、民族或阶级的人们所共有的东西，一经形成，就会渗透到社会生活的全部方面，变为多数人认为理所当然的传统。如中国的民间体育活动划龙舟、踢毽子、舞狮耍龙，西班牙的斗牛，日本的大相扑，泰国的泰拳，沙特阿拉伯的骆驼大赛等，都是能够表现民族性格的传统体育项目，充分反映出传统文化给体育烙上的深深印记。东方国家随着自身经济实力的增强，希望发掘自己的传统体育，把代表本民族文化的运动项目弘扬于世，从而掀起包括体育在内的"新文化运动"热潮。西方体育的伦理学基础薄弱，许多项目是缺乏传统文化滋润的"试管婴儿"，因此带来了诸多弊端，而包括中国少数民族传统体育活动在内的东方民族体育，恰恰可以对此产生良好的互补作用。传统体育作为闲暇娱乐和交往方式的功能将得以保留并有所扩展。在现代体育的影响下，它们正以不同的方式、从不同的角度被重新认识和研究，并日益明确地被赋予教育、健身等意义，逐渐聚合进现代娱乐的潮流。特别是 21 世纪迎来的知识经济，加速催化人们喜新厌旧的无限欲望，中国少数民族体育将赋予单调体育形式以新鲜的色彩。

各民族的传统体育活动，是在共同地域内形成的。共同地域，是一个民族长期共同生活并发生多种内部联系的空间条件。中国自古有的"南人善舟，北人善马"及"南拳北腿"之说，是对地理环境影响人类身体活动的概括。古代中原以东的部族被称为"夷"，在古金文中"从人从弓"，乃善射部落之称，故有其首领羿射九日的神话；而生活在山谷丛林中的西南"戎"，因"弱于弓矢"，故在古金文中表现为持戈盾之形。曾在希腊半岛上盛行的古代奥林匹克竞技和在英伦三岛上兴起的近代户外运动，也都表现出地理环境的影响。随着社会的现代化发展，尤其是交通的发达，传统体育从狭小的地域内放射性地迅速扩大范围，在各民族的密切交往中促进发展。中国的少数民族传统体育活动千百年来固定于有限的地域，80 年代以来举行了几次全国民族传统体育运动会，把赛马、摔跤、射弩、打秋千、抢花炮等各种民族传统项目发展为共同的竞技项目，使得开展活动的地域大为扩展。21 世纪的中国少数民族体育将为人们提供新的特殊形式。改革开放以后，少数民族传统体育事业受到空前重视。1981 年 9 月 21日至 28 日，国家体委和国家民委在北京联合召开了全国少数民族传统体育工作座谈会，来自全国各省、自治区、直辖市和中央有关单位的代表及新闻记者 180 多人参加了会议。会议明确提出了进一步发展少数民族传统体育的十六字方针，即"积极提倡，加强领导，改革提高，稳步发展"。同时也确定了新时期民族体育工作的主要任务是：贯彻落实党的民族政策，积极开展传统体育和近代体育活动，提高少数民族健康水平和体育运动技术水平，活跃群众文化生活，促进民族团结，建设社会主义精神文明和物质文明，为社会主义现代化建设服务。会议还决定举办全国少数民族传统体育运动会。会议之后，各省、自治区、直辖市有关部门也相继召开会议，根据新时期民族体育工作的方针、任务和本地区的实际情况，采取了许多积极有力的措施，推动了民族体育事业的进一步发展。在采取具体措施方面主要有：

一是积极挖掘、整理少数民族传统体育项目，这不仅使一些被中断多年的项目得到恢复，还使一些濒于失传的项目重现体坛，大放异彩。据统计，经过挖掘整理，少数民族传统体育项目已达到200多项，大大丰富了我国民族体育的内容。

二是对一些不够规范或不够科学的项目进行改革，增强科学性，提高运动技术，制定竞赛规则，这使少数民族传统体育竞赛项目逐届增加，促进了少数民族传统体育运动的规范化和科学化，为少数民族传统体育运动的进一步普及和推广打下了良好的基础。

三是使少数民族传统体育运动的开展逐步走向制度化、社会化。在第二届全国少数民族传统体育运动会之后，国家民委和国家体委决定并报经国务院批准，全国少数民族传统体育运动会每四年举办一届，形成赛事制度。各自治区和有关省、直辖市，各民族自治州、自治县也都定期举办传统体育运动会。据不完全统计，自1982年以来，全国已有20多个省、自治区、直辖市，120多个自治州、盟和地、市，300多个自治县和县、市定期和不定期举办了少数民族传统体育运动会，有的省、自治区、直辖市还举办了跨地区的少数民族传统体育的专项运动邀请赛。定期举办少数民族传统体育运动会制度的形成，有力地推动了少数民族传统体育运动的社会化发展，不仅使其成为群众体育的重要内容，开始从农村、牧区进入学校、企业和城市，而且有些传统体育项目（如摔跤、射箭、赛马、武术等）被列入了全国运动会的正式项目。

展望未来，少数民族传统体育的独特价值将被充分肯定，有些内容形式将逐步完善并可能发展成为规范化的竞技项目。但是，少数民族传统体育的主体仍将继续是非竞技化的。即使是那些已经或即将竞技化的活动，大多也只能成为对世界体育的一种地域色彩较浓的补充。作为民族文化的一种凝练而又生动的表现方式，传统体育将在文化交流中扮演更加重要的角色。

发展传统体育，不是对古代传统体育的简单回归，也不是对世界体育的单纯皈依，而是螺旋上升中的必然，是现代体育世纪之行的有机成分。民族作为一个历史范畴，它的发展必然趋势是要走向民族的融合。在经济全球化的今天，这种进程正在加速。各民族通过长期广泛的经济文化交流和共同的劳动生活，使各自传统体育活动中有继承和发展价值的内容得以弘扬，并通过民族传统文化融合因素的积累，最终使各传统体育活动中的有益成分被全人类所接受，从而走上现代化的坦途。

第六章　传统体育比赛的组织与裁判

第一节　传统体育比赛的组织

传统体育比赛的组织是一项复杂而细致的工作，竞赛组织水平的高低，不仅直接影响到比赛能否顺利进行，能否完成预期任务，还会影响到运动员技术水平的发挥。因此，要根据传统体育比赛的任务、性质进行周密计划，以确保比赛有步骤地进行。举办传统体育比赛，不论规模大小，都要有赛前准备工作、比赛期间的主要工作和比赛结束的主要工作三个阶段，以及裁判队伍的组织等方面的工作。

一、赛前准备工作

传统体育比赛的赛前准备工作是一个制订计划并准备实施计划的过程。此过程是从成立筹备小组（或筹备委员会）到运动员报到为止。筹备小组是由比赛主办机构负责组建的，承担赛前至组织委员会建立的准备工作。赛前准备阶段的主要工作包括讨论和确定组织方案、制定竞赛规程、成立组织机构、拟订工作计划等。

（一）讨论和确定组织方案

要使传统体育比赛有计划、有步骤地进行，必须认真讨论和确定竞赛的组织方案，主要包括以下内容：

1. 比赛名称和目的任务

确定比赛名称，应根据本次比赛的性质、时间和规模等因素综合考虑。比赛的目的任务，要考虑到比赛的性质和运动特点等要素。

2. 比赛规模

一般来说，组织各种比赛要量力而行，宜精不宜大。基层的传统体育比赛规模较小、形式灵活、方法简便。

3.组织机构

本着精简的原则，拟定组织机构和工作人员的数量。组织机构必须有明确的分工，并在组织委员会的领导下，紧密配合，以利于竞赛组织工作有计划、协调地进行。

4.经费预算

为了有计划地进行各项活动，本着勤俭节约的原则，必须掌握参加比赛的人数、活动天数、费用范围、开支标准等多项数据，对每一项经费进行认真的预算，并制定经费开支标准和财务管理办法等。

（二）制定竞赛规程

竞赛规程是竞赛组织者和参加者的指导性文件，应根据竞赛计划，并结合比赛的规模、目的、任务而制定。如举办个别项目的比赛，就应结合该项目本身的特点，以及竞赛的目的、任务等来制定，并提前发给有关单位，以便各单位做好准备。竞赛规程应包括以下内容：

1.比赛名称

根据总的任务确定比赛的名称。要用全称，不能用简称，在比赛的文件、会标、宣传材料等方面名称要统一。

2.目的任务

目的任务根据总的要求而定。简明提出比赛的目的、任务，如学校为检查教学工作，或为促进本地区某些传统体育项目发展或为交流经验、增进友谊等举行的各种比赛。

3.竞赛日期和地点

在决定竞赛日期和地点时，应考虑季节气候、场地设备、举办地居民兴趣和交通食宿等条件，使之尽可能符合本次竞赛的要求。

4.竞赛项目

竞赛项目根据比赛的性质、规模、运动员的水平和主办单位的实际情况来设置。

5.参加单位

明确列出各参赛单位的名单和所参加的项目，便于竞赛的准备与组织。

6.参加办法

它是竞赛规程的主要部分，要求具体、准确，包括参赛条件和参赛人数两个方面。

（1）参赛条件：对参加者的技术水平、运动成绩、健康状况、性别、年龄、学籍和思想作风等方面，都应根据实际情况提出明确要求。

（2）参赛人数：参赛人数包括每个单位可报多少队（人），每人限报几项，每项限报几个人。同时还应标明领队、教练员、医生和其他工作人员的名额。

7. 竞赛办法

用何种竞赛方法组织竞赛，必须明确具体地加以规定。竞赛办法主要包括采用何种赛制、何种规则等内容。

8. 录取名次与奖励

详细说明比赛的录取名次、单项和集体项目的录取名次以及团体总分的计算与奖励办法等。成绩相同后的处理办法也都要具体说明。

9. 报名和报到

规定运动队、裁判员（长）等报名和截止报名日期，运动队书面报名的格式、份数，报名表投寄的地点、单位、日期（要注明以寄出或寄到邮戳日期为准）以及违反报名规定的处理办法。确定运动队、裁判员队伍等报到的日期、地点、单位。注明报到时应携带的材料或物品等。

10. 裁判员与仲裁委员会

确定裁判长、裁判员的选派（聘请）办法、名额分配等，注明对裁判员的资格或等级要求，以及对裁判员赛前准备工作的要求。确定仲裁委员会的组成和执行有关条例或规定。

11. 注意事项或未尽事宜

必要时可以注明赛区食宿条件、标准、交通费开支办法等，以及有关未尽事宜的补充和通知办法。

12. 本规程解释权的归属单位

通常规程的解释权归主办单位有关部门所有。

（三）成立组织机构

建立比赛组织委员会，承接运动会的组织管理工作。组织委员会（简称组委会）是负责整个竞赛工作的临时领导机构，通常是在竞赛主办单位的领导下，由各方面代表组成，决定大会的组织方案，指导大会竞赛工作。组委会的建立，要与竞赛规模相适应，规模小的比赛应以完成各项任务为准，尽量精简组织机构。组委会下设秘书、竞赛、裁判等处（或组）。

1. 秘书处（或办公室）

秘书处主要负责竞赛的宣传教育，安排各项活动、经费预算、生活管理、医疗卫生、安全保卫，组织观众、开幕式与闭幕式等工作。秘书处下设宣传组、后勤组、接待组、保卫组、医务组等具体工作室，各有职责，协调配合，专门为大会服务。

（1）宣传工作：制定、撰写本届比赛的各种宣传材料，征集或拟定大会宣传口号，确定宣传方式及宣传手段；负责宣传品的设计、制作；制定赛场布置方案；拟定运动员、教练员、裁判员、各参赛单位应注意事项和有关体育道德精神文明方面的要求；撰写并印发宣传材料，通过各种渠道加以宣传；确定思想教育具体实施方案，落实宣传工作；制定新闻报道计划，向有关新闻单位发出邀请，召开新闻发布会。

（2）后勤保障工作：编制各项经费预算，确定开支标准及管理办法。做好各类物资的管理，对各部门所需的各类办公用具、通信设备、服装、器材、交通工具、奖品、纪念品、生活用品等及时按计划购置和准备，以保证各部门的使用，建立各种物品出入库手续和领取、使用制度。做好交通车辆的管理和调配，制定大会各部门车辆的配备原则、标准、管理和使用办法，负责做好车辆的安全检查。

（3）安全保卫工作：负责建立竞赛期间内部的安全保卫组织网络，加强安全保卫工作的组织领导；制定安全保卫工作计划和有关具体活动的安全警卫方案；负责对有关比赛场地、运动队驻地等活动场所的比赛设施、生活设施、安全设施等进行安全检查，制定和落实安全保卫措施。

（4）接待工作：做好接站准备工作和生活安排的准备，包括住宿和饮食的安排等。订购合适的礼品、广告宣传品和纪念品送给客人。

（5）医务工作：配备专为大会服务的医务人员和必备的药品，同时联系确定为赛区服务的医院。配备救护车辆，以备急需。

2. 竞赛处（或组）

竞赛处（或组）负责人一般由主管部门分管竞赛工作的领导担任，会同总裁判长、裁判长具体负责大会的竞赛工作，确保竞赛工作顺利进行。

其具体任务是拟定比赛日程、编排竞赛程序、公布比赛成绩、组织裁判人员学习、召集领队与教练员会议、宣布竞赛有关事宜。

3. 裁判组

裁判组由总裁判长、裁判长、裁判员若干人组成，负责竞赛期间的裁判工作。建立合理的竞赛组织机构是竞赛组织管理工作的关键环节。

合理的竞赛机构及明确划分各机构职能，对圆满完成传统体育比赛任务至关重要。

（四）拟订工作计划

组织委员会成立后，应根据组织方案和责任划分，拟订各职能部门的具体工作计划，经组委会讨论批准后执行。

二、比赛期间的主要工作

（一）组织并开好"三会"

运动队报到后，竞赛部门应组织开好"三会"，即全体裁判员会、领队会和教练员会（裁判长、教练员联席会），并安排好各运动队的赛前训练。

1. 裁判员会

裁判员会强调裁判员在竞赛中的作用，对裁判员提出具体要求，介绍大会日程和生活安排，介绍规程的有关规定，组织裁判员学习、实习、分工，讨论裁判细则。

2. 领队会

领队会主要传达组委会、竞委会的有关决议、规定，明确竞赛规程中的有关规定，布置评选体育道德风尚奖等事项；介绍筹备工作情况，提出思想教育、安全保卫、生活管理等方面的要求；宣布竞赛日程安排和重大活动安排。

3. 教练员会

教练员会进一步明确竞赛规程中的有关规定，强调运动员资格审查和体育道德风尚；解释编排原则，竞赛日程安排；明确比赛过程中有关裁判员执行工作中的技术问题；说明向仲裁委员会提出申请的程序和办法。

此外，各职能部门在这一阶段的主要任务是通过运动员训练、裁判员实习以及了解运动队报到后的意见和反映，对前期准备工作进行查漏补缺，及时调整、疏通进行正常比赛的渠道。

（二）竞赛期间的工作

竞赛阶段，即从开幕式至闭幕式是传统体育比赛的主要阶段。在此阶段，各职能部门必须紧紧围绕竞赛工作这个中心，协调有序地开展各项工作，高质量地保证竞赛顺利进行。此阶段的主要工作包括以下几个方面。

1. 组织开幕式

开幕式是传统体育运动会的重要仪式。开幕式一般包括以下几个步骤：主持人宣布大会开始，裁判员、运动员入场，升国旗、奏国歌或其他仪式，领导致开幕词，裁判员、运动员代表讲话（或宣誓），裁判员、运动员退场，团体操、文艺表演，宣布开幕式结束。

2. 竞赛时间与场地

要按竞赛计划严格掌握比赛时间，杜绝比赛脱节现象；要对比赛场地、设备和器材进行认真检查和管理。

3. 裁判队伍

加强对裁判队伍的管理，使其严肃、认真、公正、准确地做好裁判工作；对赛场出现的争执，应果断及时处理，必要时由仲裁委员会当场裁决。

4. 记分与宣布成绩

技术统计材料要当天统计出来，及时登记记分表或总表，以便结束时进行总结，并送给比赛队；及时准确地向有关新闻媒体发布比赛成绩，做好比赛的宣传工作。

5. 变更通知

遇有特殊情况需要更改比赛场地、日期和时间，应由负责部门及时通知各队。

6. 总务组工作

总务组应深入群众，听取对生活、交通等方面的意见，以便及时改进工作。

7. 医务组工作

医务组应该深入比赛场地，及时处理发生的伤害事故，并做好防病、卫生工作。

8. 治保组工作

治保组应注意住宿及比赛场所的治安工作，保证比赛的顺利进行。

9. 秘书处工作

大会秘书处要经常与各队取得联系，定期召开领队会或其他会议，及时处理相关问题。

10. 组织闭幕式

闭幕式是将运动会推向高潮的重要仪式。开幕式结束后，有关工作人员应立即投入到闭幕式的组织准备工作中。主要工作包括：修改、确定闭幕式的形式、规模，进行闭幕式节目的组织；安排、布置会场，准备表演道具，进行会场工作人员培训等。

闭幕式可单独进行，可在决赛场次之后进行，也可与发奖仪式同时进行。闭幕式的一般程序是运动员、裁判员入场，宣布比赛结果，发奖，致闭幕词，最后进行文艺演出。

三、比赛结束的主要工作

比赛结束的主要工作包括以下几个方面。

（1）组织领队、教练员、运动员和裁判员交流经验，进行技术报告。

（2）安排和办理各队离开赛区的有关交通等事宜。

（3）清理比赛的场地、器材、服装、用具等物品设备。

（4）进行财务决算。

（5）及时编制和印发比赛成绩册。

（6）做好裁判工作、技术统计工作和大会各部门的总结。

（7）向新闻单位发布运动竞赛的有关情况。

四、裁判队伍的组织与职责

传统体育比赛的裁判队伍通常由总裁判长、裁判长和裁判员等人员组成，他们分工合作，各在其位，各尽其职，以保证各个项目比赛的顺利进行。传统体育竞赛各个项目的总裁判长、裁判长、裁判员等职责大致相同，主要有以下几个方面的要求。

（一）总裁判长的基本职责

（1）负责赛前对场地、器材、竞赛日程及裁判员的安排等，做好检查和了解。

（2）组织和领导大会的裁判工作，组织学习竞赛规则、竞赛规程和具体的裁判方法。另外，在必要时，可以临时调整裁判员的具体工作。

（3）处理竞赛中发生的重大问题。

（4）亲临竞赛现场，审核竞赛成绩和名次，宣布比赛结果。

（5）比赛结束后，组织全体裁判员进行工作总结。

（二）裁判长的基本职责

（1）组织所属裁判员进行工作。比赛前组织裁判员检查场地、器材，研究裁判方法，掌握比赛情况。

（2）依照规则，解决比赛中的有关问题；若比赛中的疑难问题不能解决，应签署意见，并报请总裁判长解决。

（三）裁判员的基本职责

（1）组织运动员（队）进行比赛，掌握和控制比赛进程。

（2）根据竞赛规程和竞赛规则的具体规定，评定运动员（队）的成绩、胜负和名次。

（3）对运动员（队）在竞赛过程中出现违反竞赛规则和竞赛规程的技术动作和其他行为，进行警告或处罚，包括不道德或不文明的行为举止。

（4）记录比赛成绩和比赛时间。

（四）编排记录组的基本职责

1. 做好竞赛报名、注册与统计工作

竞赛的报名、注册与统计是参赛单位取得合法参赛权的标志，必须严格按照竞赛规程的有关规定办理。收到报名单后应逐一进行审查、核实。审核的主要内容是报名是否逾期，报名人数是否符合规定，所报运动员是否符合参赛资格、是否按规定填报，报名表各项填写字迹是否清晰、有无姓名相同或错误、漏项等情况，审核完毕后可进行各类人员的统计。

2. 编排竞赛程序

根据报名注册情况，根据大会规定时间和参赛规模编排大会竞赛总秩序册，制定比赛总日程表。总日程表的安排要遵循规程规定的原则，同时各项竞赛时间要紧凑，各项目的交叉、衔接要合理，以保证整个竞赛活动期间的热烈气氛。

3. 编印秩序册

根据大会要求编印秩序册。秩序册主要内容包括以下几点。

（1）比赛名称，举办年月、地点及举办、承办单位。

（2）竞赛规程总则和补充规定。

（3）组委会、大会各部、室人员名单，各单项竞委会及仲裁委员会主任和裁判员名单，各代表团负责人名单。

（4）竞赛总日程表。

（5）各单项竞赛日程。

（6）运动会竞赛场地示意图。

4. 制定表格

提前准备好比赛所需表格。

5.核实成绩

审查核实比赛成绩及排列名次。

（五）检录组的基本职责

检录工作在检录长的领导下进行。检录员要熟记每场比赛的项目，提前到场，对第一组运动员进行检录。比赛开始，带领运动员进场，将一份检录表交给裁判长，另外几份须交给总裁判组、仲裁组和竞赛监督委员会的各成员和宣告员。及时了解比赛进展情况，做好下一组的检录工作。

第二节　传统体育竞赛表演项目规则与裁判法

传统体育内容丰富，形式多样，不同的竞赛项目有着不同的竞赛规则、要求和裁判法。各项目竞赛规则是其比赛的法规，是比赛中裁判员行使权力的依据。随着传统体育运动的发展，各项目的竞赛规则也在不断地完善。

传统体育的裁判工作是开展传统体育活动和竞赛的重要组成部分。裁判员是一场比赛的主持者，比赛中裁判员的宣判是最后的决定。因此，裁判员必须精通竞赛规则与裁判法，准确地掌握裁判尺度，在执裁过程中必须坚持原则，秉公判法，并以"严肃、认真、公正、准确"作为临场裁判的行为准则。

学习和研究传统体育竞赛规则与裁判法将有利于更全面、深刻地认识传统体育运动，以便将来更好地开展传统体育运动及做好传统体育竞赛工作。

一、武术

（一）武术套路竞赛规则与裁判法

1.裁判人员的组成

设总裁判长1人、副总裁判长1～2人。裁判组设裁判长1人、副裁判长2人，动作质量（A组）评分裁判员2～3人，演练水平（B组）评分裁判员3人，难度（C组）评分裁判员2～3人。编排记录长11人，编排记录员3～5人，检录长1人，检录员3～6人，宣告员1～2人，放音员1～2人，摄像员2～4人。

2. 比赛顺序的确定

在竞赛监督委员会和总裁判长的监督下，由编排记录组抽签决定比赛顺序。如有预赛、决赛的比赛，其决赛的出场顺序则按预赛成绩的高低进行，由低到高确定比赛顺序。如预赛排名相同，则由抽签决定。

3. 礼仪、计时、示分

运动员听到上场点名和完成比赛套路后，应向裁判长行抱拳礼。运动员走到起势位置，由静止姿势开始动作，计时开始；运动员结束全套动作后并步站立，计时结束。

运动员的比赛结果，公开示分。

4. 名次评定

（1）个人单项（含对练）名次：按比赛的成绩高低排列名次。得分最高者为该单项的第一名，次高者为第二名，依次类推。

（2）个人全能名次：按各单项得分总和的多少进行评定，得分最多者为全能第一名，次多者为第二名，依次类推。

（3）集体项目名次：得分最多者为该项的第一名，次多者为第二名，依次类推。

（4）团体名次：根据竞赛规程中有关团体名次的确定办法进行评定。

（5）得分相等的处理

①个人项目（含对练）得分相等的处理方法：

a. 以难度分高者列前；

b. 以完成高等级难度数量多者列前；

c. 如仍相等，以演练水平分高者列前；

d. 如仍相等，以演练水平分扣分少者列前；

e. 如仍相等，以动作质量扣分少者列前；

f. 如仍相等，名次并列；

g. 如有预赛、决赛成绩相等，以预赛成绩高者列前，若再相等则以决赛成绩按上述几条区分名次。

②个人全能得分相等的处理：以比赛中获单项第一名多者列前；如仍相等，则以获得第二名多者列前，依次类推；如获得所有名次均相等，则并列。

③集体项目得分相等的处理：按个人项目第 d、e、f、g 办法确定名次。

④团体总分相等的处理：以全队获得单项第一名多者列前，如仍相等，则以获得

第二名多者列前，依次类推；如获得所有名次均相等，则并列。

5. 评分方法与标准

（1）自选项目（长拳、太极拳、南拳、刀术、剑术、棍术、枪术）的评分方法与标准。

评分方法：

①评分裁判员由评判动作质量（A组）的裁判员3～4名（含第一副裁判长）、评判演练水平（B组）的裁判员4名（含裁判长）、评判难度（C组）的裁判员3～4名（含第二副裁判长）组成。

②各项比赛的满分为10分。其中动作质量的分值为5分，演练水平的分值为3分，难度的分值为2分。

③A组裁判员根据运动员现场完成动作的质量，用动作质量的分值减去各种动作的规格错误和其他错误的扣分，即为运动员的动作质量分。

④B组中由2名裁判员按照套路动作的劲力、节奏及音乐的要求整体评判后确定的等级平均分数减去另外2名裁判员对套路编排错误的扣分，即为运动员的演练水平分。

⑤C组裁判员根据运动员现场整套难度完成的情况，根据各项目动作难度和连接难度的加分标准，确定运动员现场完成动作难度、连接难度的累计分，即运动员的难度分。

评分标准：

①动作质量的评分标准：运动员现场完成套路时，动作规格和要求不符，每出现一次扣0.1分，其他错误每出现一次视情况扣0.1～0.3分。

②演练水平和编排的评分标准。演练水平的评分标准：劲力、节奏、音乐的评分标准分为3档9个分数段，其中很好为3.00～2.70分，一般为2.60～2.30分，较差为2.10～1.80分。凡劲力充足、用力顺达、力点准确、节奏分明、动作与音乐和谐一致者为"很好"，凡劲力较充足、用力较顺达、力点较准确、节奏较分明、动作与音乐较和谐一致者为"一般"，凡劲力不充足、用力不顺达、力点不准确、节奏不分明、动作与音乐不和谐一致者为"较差"。编排的评分标准：运动员现场完成套路时，必选的主要动作每缺少一个扣0.2分；套路的结构、布局与要求不符者，每出现一次扣0.1分。

③难度的评分标准。动作难度（1.4分）：根据各项目"动作难度等级内容及分值确定表"，每完成一个A级动作可获得0.2的加分，每完成一个B级动作可获得0.3的

加分，每完成一个 C 级动作可获得 0.4 的加分。每种动作难度的加分只计算一次，动作难度加分的累计中，如超过了 1.4 分，则按 1.4 分计算。运动员现场所做的动作难度不符合规定要求，则不计算动作难度加分。

连接难度（0.6 分）：根据各项目"连接难度等级内容及分值确定表"，每完成一个 A 级连接可获得 0.05 的加分，每完成一个 B 级连接可获得 0.1 的加分，每完成一个 C 级连接可获得 0.15 的加分，每完成一个 D 级连接可获得 0.2 的加分。每种连接难度的加分只能计算一次，连接难度加分的累计中，如超过了 0.6 分，则按 0.6 分计算。运动员现场完成的连接难度不符合规定要求，则不计算连接难度加分。

创新难度加分：现场成功完成被确认的创新难度，则由裁判长按加分标准给予加分。其标准为完成一个创新的 B 级动作难度（含连接难度）加 0.2 分，完成一个创新的 C 级动作难度（含连接难度）加 0.3 分，完成一个创新的超 C 级动作难度加 0.4 分。由于失败或与鉴定确认的动作难度不符，不予加分。

（2）对练、传统拳术、传统器械、集体项目、无动作难度组别要求的竞赛项目评分方法与标准。

评分方法：

①评分裁判员由评判动作质量分的裁判员 3 ~ 4 名（A 组）、评判演练水平分的裁判员 3 ~ 4 名（B 组）组成。

②各项比赛的满分为 10 分。其中动作质量的分值为 5 分，演练水平的分值为 5 分。

③A 组裁判员根据运动员现场完成动作的质量，按照各项目动作规格及其他错误内容扣分标准的要求，用动作质量的分值减去各种动作的规格错误和其他错误的扣分，即为运动员的动作质量分。

④B 组裁判员根据运动员整套的现场演练，根据劲力、节奏、编排以及音乐的要求整体评判后确定示出的分数，即为运动员的演练水平分。

评分标准：

①动作质量的评分标准：运动员现场完成套路时，动作规格与要求不符，每出现一次扣 0.1 分，其他错误每出现一次扣 0.1 ~ 0.3 分。

②演练水平的评分标准：分为 3 档 9 个分数段，其中很好为 5.00 ~ 4.10 分，一般为 4.00 ~ 3.10 分，较差为 3.00 ~ 2.10 分。

凡劲力充足、节奏分明、编排合理、风格突出、动作与音乐和谐一致者为"很好"，凡劲力较充足、节奏较分明、编排较合理、风格较突出、动作与音乐较和谐一致者为"一般"，凡劲力不充足、节奏不分明、编排不合理、风格不突出、动作与音乐不和谐一致者为"较差"。

（3）裁判员示分

自选项目A组裁判员所示分数可到小数点后一位数，B组、C组裁判员所示分数可到小数点后两位数。对练、传统拳术、传统器械、集体项目、无动作难度组别要求的竞赛项目A组裁判员所示分数可到小数点后一位数，B组裁判员所示分数可到小数点后两位数，第三位数不做四舍五入。

（4）应得分的确定

自选项目应得分的确定：动作质量应得分、演练水平应得分和难度应得分之和即为运动员的应得分数。

对练、传统拳术、传统器械、集体项目应得分的确定：动作质量应得分和演练水平应得分之和即为运动员（队）的应得分。

（5）最后得分的确定

裁判长从运动员的应得分中减去"裁判长的扣分"，或加上创新难度动作的加分，即为运动员自选项目的最后得分。裁判长从运动员的应得分中减去"裁判长的扣分"，即为对练、传统拳术、传统器械和集体项目、无动作难度组别要求的竞赛项目的最后得分。

（6）裁判长的加分与扣分

裁判长执行对比赛中被确认完成的创新难度的加分。

裁判长执行对比赛中重做、套路时间不足或超出规定的扣分。

①完成集体项目、太极拳、太极剑套路，不足或超出规定时间在5秒以内者（含5秒），扣0.1分；在5秒以上至10秒以内者（含10秒），扣0.2分，依次类推。

②自选长拳、南拳、剑术、刀术、枪术、棍术、南刀、南棍、对练、传统拳术、传统器械套路，不足或超出规定时间在2秒以内者（含2秒），扣0.1分；在2秒以上至4秒以内者（含4秒），扣0.2分，依次类推。

（二）武术散手竞赛规则与裁判法

1.裁判人员组成

总裁判长1人，副总裁判长1～2人。裁判长、副裁判长、台上裁判员、记录员、计时员各 1 人，边裁判员 3 人或 5 人。编排记录长 1 人，编排记录员 2～4 人。检录长 1 人，检录员 4～6 人。医务人员 2～3 人，宣告人员 2～3 人。

2. 名次评定

个人名次：

（1）淘汰赛时，直接产生名次。

（2）循环赛时，积分多者名次列前，两人或两人以上积分相同时，按下列顺序排列名次：

①负局数少者列前。

②受警告少者列前。

③受劝告少者列前。

④体重轻者列前（以抽签体重为准）。

上述四种情况仍相同时，名次并列。

团体名次：

（1）名次分

①各级别录取前八名时，分别按 9、7、6、5、4、3、2、1 的得分计算。

②各级别录取前六名时，分别按 7、5、4、3、2、1 的得分计算。

（2）积分相等时的处理办法

两个或两个以上的团体分数相等时，按以下顺序排列名次。

①按个人获第 1 名多的队名次列前；如再相等，按个人获第 2 名多的队名次列前，依次类推。

②受警告少的队名次列前。

③受劝告少的队名次列前。

以上几种情况仍相等时，名次并列。

3. 得分标准与判罚

（1）得分部位与禁击部位。得分部位有头部、躯干、大腿，禁击部位有后脑、颈部、裆部。

（2）禁用方法

①用头、肘、膝和反关节的动作进攻对方。

②用迫使对方头部先着地的摔法或有意撞击对方。

③用任何方法攻击主动倒地或被动倒地者头部。

（3）得分标准

得 2 分：

①一方下台，另一方得 2 分。

②一方倒地，站立者得 2 分。

③用腿法击中对方头部、躯干部位得 2 分。

④用主动倒地的动作致使对方倒地，而自己顺势站立者，得 2 分。

⑤被强制读秒一次，对方得 2 分。

⑥受警告一次，对方得 2 分。

得 1 分：

①用手法击中对方头部、躯干部位得 1 分。

②用腿法击中对方大腿得 1 分。

③先后倒地，后倒地者得 1 分。

④用主动倒地的动作导致对方倒地，而自己不能顺势站立者，得 1 分。

⑤运动员被指定进攻 8 秒后仍不进攻，对方得 1 分。

⑥主动倒地 3 秒不起立，对方得 1 分。

⑦受劝告一次，对方得 1 分。

不得分：

①方法不清楚，效果不明显，不得分。

②双方下台或同时倒地，不得分。

③用方法主动倒地，对方不得分。

④抱缠时击中对方，不得分。

4.犯规与罚则

（1）技术犯规

①消极搂抱对方。

②处于不利状况时举手要求暂停。

③有意拖延比赛时间。

④比赛中对裁判员有不礼貌的行为或不服从裁判。

⑤上场不戴或有意吐落护齿、松脱护具。

⑥运动员不遵守规定的比赛礼节。

（2）侵人犯规

①在口令"开始"前或喊"停"后进攻对方。

②击中对方禁击部位。

③以禁用的方法击中对方。

（3）罚则

①每出现一次技术犯规，劝告一次。

②每出现一次侵人犯规，警告一次。

③侵人犯规达3次，取消该场比赛资格。

④运动员故意伤人，取消比赛资格，所有成绩无效。

⑤运动员使用违禁药物，或局间休息时输氧，取消比赛资格，所有成绩无效。

（4）暂停比赛

①运动员倒地（主动倒地除外）或下台时。

②运动员犯规受罚时。

③运动员受伤时。

④运动员相互抱缠没有进攻动作或无效进攻超过2秒时。

⑤运动员主动倒地超过3秒时。

⑥运动员举手要求暂停时。

⑦裁判长纠正错判、漏判时。

⑧处理场上问题或发现险情时。

⑨因灯光、场地等客观原因影响比赛时。

⑩被指定进攻但超过8秒仍不进攻时。

二、毽球

（一）裁判人员的组成

设裁判长1人，副裁判长2~3人，裁判员、计时员、记录员、检录员若干人。

（二）计胜方法

①接发球队失误，应判对方得1分；发球队失误，则判由对方发球。

②某队得 15 分并至少比对方队多得 3 分时，则为胜一局。如比分是 14 ∶ 14，比赛应继续进行，直至某队领先 2 分，方为胜一局。

（三）犯规与罚则

1. 发球

发球时 2、3 号队员不得有任何掩护动作，否则，判由对方发球。

2. 发球失误

发生下列情形之一时，即判为发球失误：

①队员发球时，踏及端线或发球区线及其延长线。

②球未过网、触网或触及标志杆。

③球从网下穿过。

④球从标志杆及其延长高度以外过网。

⑤球触及任何障碍物，或在进入对方场区前触及本队队员。

⑥球落在界外。

⑦发球延误时间超过 5 秒。

⑧裁判员鸣哨后球坠落在地上。

罚则：当发球队失误时，应判失发球权，由对方发球。

3. 重发球

发生下列情形之一时，须重发球：

①在比赛进行中，球挂在网上（最后一次击球挂网除外）。

②在比赛进行中，毽毛和毽垫在飞行时脱离。

③在裁判员鸣哨之前发球。

④在比赛进行中，其他人或物品进入场区。

4. 发球次序错误

当球发出后，裁判员发现某队发球顺序错误，则判该队失发球权，并恢复正确位置。如犯规队已得分，应取消该队因该次发球次序错误所得的分数。

5. 比赛进行中的击球与附加动作

①每队在将球踢入对方场区前，在本方场区最多只能有三人次共击球四次。

②每个队员可以连续击球两次。

③不得用手、臂触球，但防守队员在手臂下垂不离开躯干的前提下，拦网时手球不判违例。

④球不得明显地停留在队员身体的任何部位。

罚则：违反①~④均为违例，判由对方发球或得1分。

6. 网上球

在比赛进行中球触及两标志杆以内的球网为好球，球触及标志杆为失误。

7. 触网

①比赛进行中，队员身体任何部位触及两标志杆以内的球网，均为触网违例。

②队员击球后，触及标志杆或标志杆以外的球网、网柱、网绳或其他物体，不为违例。

8. 进入对方场区和空间

①过网击球为犯规。

②比赛进行中，身体任何部位不得进入对方场区的空间。

③队员若用头攻球时，必须在限制线以外，但落地时两脚可落在限制线以内。防守队员在限制区内，头部无意识触球过网不判违例。

④在比赛进行中，除脚以外，身体任何部位不得触及中线。脚不得完全越过中线。

9. 死球与中断比赛

①球触地及违例为死球。

②中断比赛：其他人或物品进入比赛场区、更换损坏的器材、运动员发生意外事故等情况，裁判员应鸣哨，中断比赛和恢复比赛。

三、龙舟

（一）裁判人员的组成

正式的龙舟比赛设总裁判长1人，副总裁判长2人，编排记录长1人，编排记录员2人，检录长1人，检录员2人，起点裁判长1人，起点裁判员每航道1人，发令员1人，助理发令员1人，取旗员1人，终点裁判长1人，终点裁判员每航道1人，计时长1人，计时员每航道3人，检查裁判长1人，检查裁判员3人，广播员1人，监察员2人。

（二）比赛通则

1. 起航

①起航的龙舟数应根据水面的宽度来确定，通常用 6 条航道比赛，每条航道的距离不少于 10 米。

②各航道及起点线、终点线均应有明显的浮标标志。

③航道的编号，以离终点裁判席最近的为第一道，依次向外排列航道的号码次序。

④起航前，比赛的龙舟必须固定在起航线后对齐。

⑤各龙舟都处于稳定的准备状态时，发令员再发出起航信号。

⑥听到起航信号后，划手才可将桨入水，违者则判为抢航犯规。连续两次抢航的龙舟队被取消该场比赛资格。

⑦发令员发现抢航，立即鸣枪或鸣哨召回龙舟重新组织起航。每组比赛抢航不得超过 3 次，如果第 3 次起航时仍有抢航者，不管该龙舟是第几次抢航，均取消其该场比赛的资格。若已经鸣枪才发现抢航，则继续比赛不再召回。

⑧出现抢航后，凡拒绝听从发令员或监察员召回命令的龙舟队，被取消该场比赛资格。

⑨运动员本身起航失误或器材准备不足，不能作为重新起航的理由。

⑩如果气候恶劣，危及参赛者安全时，裁判长有权暂停比赛。

2. 途中

①所有龙舟自始至终都应严格按照自己的航道划行，如果某一龙舟穿越其他航道，但并未干扰阻碍其他龙舟比赛而及时划回本航道者，不判犯规，否则判为犯规。

②不能用任何方式干扰、阻碍其他龙舟前进（包括不道德行为），否则判为犯规。

③在比赛时，禁止任何舟艇在航道外伴随或给予任何方式的场外指导。

④在比赛时，由于本身的原因引起翻船，允许运动员在不依靠外力的情况下重新上船继续比赛，但必须在该组比赛时间内到达终点，方视为有效。

⑤在比赛中，如果有龙舟队故意将其他龙舟弄翻或撞坏，除负责打捞修理外，取消其比赛资格，情节严重者罚款处理。

3. 终点

①当龙舟的龙头前沿部位到达终点线时，该龙舟划完全程，裁判员应及时按表计时。

②如果运动员落水而不能及时回到龙舟上，该龙舟到达终点线成绩无效。

③龙舟到达后，应按时到指定地点接受裁判员检查。

4.编排与名次

①报名参加龙舟比赛的龙舟数超过规定道数时，应进行分组预赛，选出优胜队参加下一轮比赛（复赛或决赛）。

②预赛编排可采用抽签或根据以往比赛的名次，合理安排组别及航道。复赛、决赛的组别及航道在预赛抽签前编排妥善。

③名次的决定均以时间成绩为依据。每次比赛录取几名由大会规定，并在规程中写明。一般是3队取第一名，4～6队取前两名，7～9队取前三名，10队以上取前五名。

四、抢花炮

（一）裁判人员的组成

比赛设裁判长1人，副裁判长1～3人，裁判员、助理人员若干人。每场比赛设主裁判员1人、副裁判员2人，另设值场裁判员1人；助理人员由记录员、计时员和司炮员等10人组成。

（二）赛制和名次排定

（1）赛制：抢花炮比赛可以采用循环赛或淘汰赛。

（2）名次排定

①循环赛：胜一场得2分，平一场得1分，负一场得0分，弃权一场，取消本阶段全部成绩。以各队积分多少决定名次，积分多者名次列前。

a.如两队积分相等，胜者名次列前。

b.如两队之间为平局，则以同一循环中他们的总得分、失分比率（总得分/总失分）决定，比率大者名次列前。

c.三队（或三队以上）积分相等，则按他们之间的总得分、失分比率（总得分/总失分）决定名次，比率大者名次列前。如仍相等，则按他们在同一循环中的总得分、失分比率（总得分/总失分）决定名次，比率大者名次列前。

②淘汰赛：如两队赛平，则进行决胜期比赛，时间为6分钟，分上下两个半场。在决胜期中，如某队先进炮，比赛即结束，进炮队获胜。如两队均未进炮，则以点炮决定胜负。

（三）违例、犯规及罚则

1.违例及罚则

（1）违例

①发界外炮及任意炮时，一方或双方队员未退出3米以外；裁判员鸣哨后，发炮队员未在5秒内将花炮发出；发炮队员在花炮发出后，未触及其他队员而再次触炮。

②当2人或2人以上进行争抢时，持花炮队员在倒地前未能将花炮出手（除手足以外的身体任何部位着地即视为倒地）。

③倒在地上的队员争抢花炮；持花炮队员故意倒地，将花炮压在身下的行为。

④当3人或3人以上进行争抢时，持花炮队员在5秒内未将花炮传出。

⑤罚点炮时，主罚队员的脚踏及罚点炮线；主罚队员在5秒内没有将花炮投向花篮；主罚队员罚点炮时，单脚或双脚的脚跟离地。

⑥持花炮队员隐藏花炮，将花炮藏在衣、裤内或夹在腋下；双手将花炮捂在胸前。

⑦比赛过程中，场上队员未经裁判员允许离开场地。

⑧非持花炮队员进入炮台区；持花炮队员进入炮台区后，未在5秒内将花炮投入花篮。

⑨比赛过程中用脚踢、踩花炮。

⑩持有花炮的队未在2分内得分。

（2）罚则

①罚点炮违例，非持花炮队员进入炮台区，由对方在端线外距炮台区5米处发界外炮。

②双方同时违例，由裁判员在违例地点抛花炮。

③发生其他违例行为，由对方在违例地点发任意炮。

2.犯规及判罚

（1）犯规

①搂抱犯规，搂抱肩以上和膝以下的部位、搂抱对方队员的单腿、搂抱未持花炮队员、搂抱腾空接花炮的对方队员，以及抱摔对方持花炮的队员均应判为犯规。由被搂抱方在犯规地点发任意炮。

②故意蹬踏或扑压倒在地上的对方队员的身体。

③比赛过程中对对方队员采用扭手臂、踢、踩、绊、打、摔、咬和抠等不道德行为。

④拉拽对方除手臂以外的任何部位。

⑤故意推人、鱼跃搂抱和以肘或膝撞击对方。

⑥当一方队员拾捡花炮时，另一方队员故意用脚踩、踢花炮。

⑦一方队员发炮时，另一方队员屡次进入3米以内距离干扰发炮。

（2）罚则

①发生上述犯规行为的队员，均被出示黄牌警告，并受罚离场1分钟。

②如果队员犯规的情节恶劣，造成严重后果，应被出示红牌警告，罚令出场，取消该队员该场比赛的资格。

③一场比赛中受3次黄牌处罚的队员，应取消其该场比赛的资格。被取消比赛资格罚令出场的队员，不能由替补队员替换。

3.严重犯规及处罚

发生下列情况将被出示红牌，取消该场比赛资格。

①故意打人或辱骂他人。

②有任何违背体育道德，侮辱他人的行为。

③有故意伤害对方的行为并造成严重后果的情形。

五、珍珠球

（一）裁判人员的组成

每场比赛的裁判人员包括主裁判员1人、副裁判员2人，记录员、助理记录员、计时员、25秒钟计时员各1人。

（二）得分相等和决胜期

（1）如果下半时终了得分相等，要延长3分钟作为决胜期继续比赛。必要时延长几个同样的3分钟，直到分出胜负为止。

（2）决胜期下半时的继续。在所有决胜期中，球队按下半时的进攻方向进攻，全队累计犯规及处罚延续到每一决胜期。

（3）第一个决胜期前，主裁判员要召集双方队长抛币选择发球权，以后每打一个决胜期双方互换一次发球权。

（4）下半时与第一个决胜期之间休息2分钟。以后的每个决胜期之间只交换发球权，不休息。由主裁判员主持在中圈发球继续比赛。

（三）犯规与判罚

（1）队员不准通过伸展手、臂、肘、肩、髋、腿、膝、脚，或将身体弯曲成"反常"姿势来拉、阻挡、推、撞、绊对方队员以阻碍其进行比赛；也不准用任何粗野或猛烈的动作，否则判为侵人犯规，判给对方一次点球和一次掷球权。

（2）不准用手或臂放置在对方水区队员身上并保持与他的接触，或伸展手臂妨碍和阻挠对方水区队员，否则判为侵人犯规，判给对方一次点球和一次掷球权。

（3）封锁区的持拍队员和得分区的持网队员不得越区与对方发生身体或器械的接触，否则判为侵人犯规，判给对方一次点球和一次掷球权。

（4）对正在投球的水区队员或正在抄球的队员犯规，投中判给得分，只登记犯规，不再进行处罚；投不中，判给受侵犯队一次点球。

（5）一名队员侵人犯规或技术犯规共达5次，在得到通知后必须自动退出比赛。每半时，一个队的队员犯规累计8次后，所有以后发生的犯规都要判罚一次点球。

（6）双方罚则相同时，相互抵消，均不处罚，由双方队员在中圈跳球继续比赛。

六、蹴球

（一）裁判人员的组成

比赛设裁判长1人，副裁判长2～3人，裁判员、助理人员若干人。每场比赛由1名裁判员担任裁判工作，另设有记录员、记分员、值场裁判员各1人共同完成比赛工作。

（二）计胜方法及名次判定

1.计胜方法

每场比赛分上下两局，两局中间休息3分钟。40分为一局，先达到40分为胜。如出现比分相等，继续比赛，直至赛出胜负。如遇下局比赛结束时，双方上下两局得分相等，则比赛继续进行，以先得分者为胜。胜一场积2分，负一场积1分，弃权为0分。

2.名次判定

①按全部比赛结束时积分多少排列名次，积分多者名次列前。

②如遇两队或两队以上积分相等，则按相互间净胜分确定名次，净胜分多者名次列前。

③如再相等，按在整个比赛的净胜分确定名次，净胜分多者名次列前。

④如仍相等，再以抽签确定名次。

3. 得分

在比赛中，本球击中对方一球得1分，本球将对方一球击出界得4分。如以上两种情况同时出现，按事实相应累计得分。

4. 罚则

（1）1分处罚

下列情况，将由对方得1分，攻方队员不再重蹴：

①发球失误（球已经被触动）。

②死球出停球区时，触及任何一球。

③连蹴时，攻击死球。

④进攻方向或距离不符合规则要求。

⑤蹴击球后又连续以脚触球或球触脚。

⑥蹴击球动作不符合规定，如滑球、拨球、拉球、捅球等。

⑦有意击本方球，无论击中与否。

⑧蹴击球前使球滚动。

⑨比赛中，用身体或其他物体触及场内任何一球。

出现下列情况，判对方得1分后，允许队员继续比赛：

①未经裁判员允许擅自进入场内，或擅自蹴击球。

②未按时完成蹴击球，或发球未触及中心圆。

③用声音或其他方式间接影响对方蹴击球。

④擅自更换人次，如双蹴时同方队员顺序错误；擅自更换比赛用球，如用错号或用对方球等。

⑤未按规则蹴击球，如处置球的先后顺序错误、放错发球区等。

⑥不满裁判员的判决而影响比赛正常进行。

⑦放定球后又触及球。

⑧放置死球时触及任何一球，若与其他球相连时，应由本人重新放置。

⑨比赛中，非有意触及场内任何一球。

⑩抽签后已确定先后发球权。裁判员发出放球口令，运动员未按时完成放球。

（2）2分处罚

出现下列情况，判对方得2分：

①将本方球蹴出界。

②发球出界。

③发球直接或间接触及任何一球。

④发球直接或间接将本方球蹴出界。

⑤死球出区时，无论在区内或区外将本方球击出界。

（3）4分处罚

发生下列情况，判对方得4分：

①发球直接或间接将对方球蹴出界。

②死球或半活球出区时，无论在区内还是区外直接或间接将对方球击出界。

③直接或间接将死球击出界。

（4）对方得累计分

①发球或蹴击球时出现犯规或违规在先而随之触或击到任何一球，只对犯规或违例进行判罚，给对方加分，其后情况不再累计。

②比赛中若故意用身体或借助外力破坏对方球的正常运行，或故意触及球以减少对方得分而取得利益，按当时可能出现的最高分，给对方加分。

③如遇两种或两种以上受罚情况同时出现，按事实累计给对方加分。

参考文献

[1] 邱丕相，杨建营.武术概念研究的新视野 [J].上海体育学院学报，2009，33（6）：1-5.

[2] 邱丕相.对武术概念的辨析与再认识 [J].上海体育学院学报，1997，21（2）：7-10.

[3] 体育院校教材编审委员会武术编选小组.体育学院本科讲义：武术 [M].北京：人民体育出版社，1961：3.

[4] 国家体育运动委员会.武术规则 [M].北京：人民体育出版社，1959.

[5]《新体育》编辑部.把民族体育项目引向更健康的、人民的道路 [J].新体育，1953（12）：4-5.

[6] 易剑东，谢军.中国武术百年历程回顾 [J].体育文史，1998（4）：23-25.

[7] 王飞.民族传统体育武术专业课程理论基础研究 [D].武汉：武汉体育学院，2007：11-12.

[8] 王健.新中国高校体育本科专业设置的变迁与启示 [J].上海体育学院学报，1999，21（4）：7-13.

[9] 温力.论武术学科理论体系框架的构建 [J].上海体育学院学报，1993，17（2）：21-26.

[10] 孙维国，辛治国.体育课堂中学生人际关系与运动水平的研究 [J].太原城市职业学院学报，2008（11）：116-117.

[11] 中共中央宣传部.习近平总书记系列重要讲话读本 [M].北京：人民出版社，2016：203.

[12] 白晋湘，万义.中国特色社会主义新时代民族传统体育学科的建设研究 [J].体育科学，2018，38（10）：12-18.

[13] 文方.排斥与融合：异质主客体文化交汇一般性规律浅探 [J].湘潭师范学院（社会科学版），1988（3）：38-46.

[14] 何晓明.现代新儒家早期代表论略 [J].天津社会科学，1990（5）：21-25.

[15] 郭太风，陆益军.传统文化与文化自信 [M].上海：文汇出版社，1998：1-249.

[16] 卢高峰，王岗.民族传统体育的发展：现状问题机遇对策 [J].北京体育大学学报，2015，38（4）：52-57.

[17] 史婷.多元文化视域下民族传统体育文化的创新发展探究 [J].运动精品，2018，37（9）：67-68.

[18] 辛治国.弘扬宪法精神促进体育事业良性发展 [J].体育科技文献通报，2015（4）：109-110.

[19] 辛治国.武术课素质教育实践研究 [J].武术研究，2016（11）：61-65.

[20] 孙维国，辛治国.散打对当今大学生心理锻炼作用研究 [J].搏击（武术科学），2013（9）：48-50.